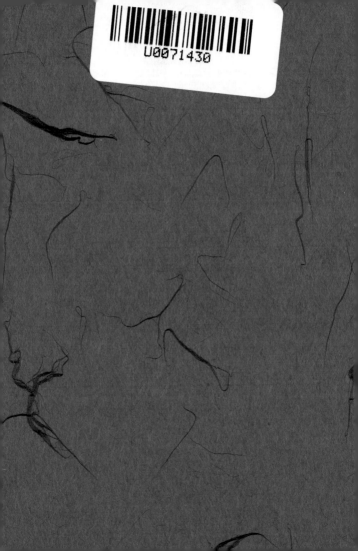

準提
法彙

佛母準提神咒

南無

namaḥ

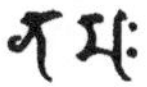

颯哆喃　三藐三菩陀　俱胝喃

saptānāṃ-samyaksaṃbuddba-koṭīnāṃ

怛姪他

tadyathā

唵　折隸　主隸　準提　娑婆訶

oṃ cale cule cunde svāhā

編者序

藍吉富

佛法之精義在依自力以提昇生命境界，使趨絕對圓滿，固不在「息增懷誅」等方面之祈求。然而，在漫長的菩提大道上，眾生往往會有遭逢困境而自覺軟弱無助之時。在這時候，求得佛、菩薩、護法的加護，不惟可以增進對佛法的信心，而且也可使自己在菩提大道的行程裡，較不易遭受到無端的災橫而斷絕一期生命中的修持計劃。這大概就是密教法門最初產生的主要原因吧？

儘管密教有其相當扣人心弦的吸引力，但是儀軌繁複已極，具德上師甚不易覓，加上末法時代眾生的三毒至重，因此，嚴格地說，現代人要如法修密，並不像修習一般顯教法門那麼簡單。

然而，佛法不愧為號稱包含八萬四千法門。因為在眾多密教行法裡面，就有一種法門可以超越種種繁複的儀軌，可以暫時不需覓得難覓的具德上師，只要依據簡單的修持方法去結印持咒，則感應自能立竿見影，神效異常。這種法門就是與中國人甚為契機的準提法。

本書正是準提法的彙編。所收集的資料，大抵足以使一個初學者知道準提佛母的聖德及其簡易修持法。依據本書中的任一種資料去修持，只要持之以恒、信心堅固、且儘可能捨惡行善、效法準提佛母照顧眾生之菩薩心腸，則必得感應。這是古今修習此法有得的人所能證驗的，並非尋常的勸善箴言。

大約五、六年前，編者曾以「藍十方」之名纂集《準提法集要》一書行世。之後又有友人發心再度印刷二千冊，然皆分贈各方，已無存書。此次王碧雲女士再發大心，斥資囑再印行。因此，重新撰寫〈準提信仰扎記〉、〈準提法在中日兩國的流傳〉等若干篇文字。並另輯《七俱胝佛母所說準提陀羅尼經會釋》等書，以新式分段標點排印。俾供有意進一步研究者參考。

目次

【修持篇】

【典籍篇】

【轉載】

〔起信篇〕

準提佛母

十方譯

一、概說——部別與名號

準提佛母，又有准胝觀音、佛母準提、七俱胝佛母、尊那佛母等譯名。在東密的胎藏現圖曼荼羅裏，位於遍知院。依照日本東密廣澤流所傳，此尊不應屬於觀音部，而應屬於佛部。而小野流則認為應屬觀音部。

廣澤流認為非觀音部的理由如下：㈠頂上無化佛。㈡真言中無「缽頭摩」（Padama 蓮花）或𑖮𑖿𑖨𑖰𑖾（hriḥ）字。㈢修法時與其他觀音不同，即：此尊並不自極樂世界請來。㈣經軌中，不名之為觀音。

小野流認為應屬於觀音部的理由如下：千手觀音住虛空藏院、十一面觀音住蘇悉地院，都不在觀音院中。可見觀音部仍可住於現圖曼荼羅之觀音院之外。此外，大勢至之頂上並無化佛，但仍屬觀音部。馬頭觀音及藥衣觀音之真言中，都沒有「缽頭摩」或𑖮𑖿𑖨𑖰𑖾（hriḥ），但仍屬觀音部。如意輪觀音屬於觀音部，然而並非從極樂世界請來，諸如此類之事例，為數不少。

此外，另有一項屬於觀音部的證據是，在六字曼荼羅裏，此尊被列為六觀音之一。而且，《大乘莊嚴寶王經》全經在敘述觀音之事，而卷四則明載此尊之真言（即準提咒）。可見此尊應屬觀音部。

關於此尊的梵名，或為（Cundi），是「變小」的意思，或為（Cunṭi），是「小泉」、「小池」之意。這些奇怪的梵語與此尊沒有關係，不能譯成專名。另一梵名是（Çundhi），是「清淨」的意思。這與聖觀音之號「清淨金剛」相同，或有「覺悟到眾生本性清淨之理」的意思。另外又有「尊那」（Sunda）之稱，此有輝麗之義，古來也成為此尊的專名之一。此外，在其梵名 Cuṇḍī Çundhi Saptakoti-buddha bhagavatī 之中，「Saptakoti」即

「七千萬」之意，「buddha bhagavatī」即「佛母」之意。

日本東密的小野流，在六觀音之中包含有准胝觀音，但是廣澤流則以不空羂索觀音取代。有人以為：「准」即不空，「胝」即羂索。這種說法純屬附會，並不足取。

至於「七俱胝佛母」之名，出自《七俱胝佛母准提大明陀羅經》，該經中有「過去七俱胝准提如來等佛母准提陀羅尼」之語。「七俱胝」即「七千萬」之意，是表示「眾多」的數字。由於准提咒是過去無量諸佛之母（根源），因此准提咒的主尊乃名為「七俱胝佛母」。

又：在六道能化中，人道之天人丈夫觀音即此尊之變化。此處之「天」，有「清淨」之意，「丈夫」為男子之通稱。在密教裏，此尊的密號是「最勝金剛」，由於是觀音部能生之部母，故有「最勝」之名。

二、形象

《准提大明陀羅尼經》云：「若求不二法門者，應觀兩臂。若求四無量，當觀四臂。若求六通，當觀六臂。若求八聖道，當觀八臂。若求十波羅蜜圓滿十地者，應觀十臂。若求如來普遍廣地者，應觀十二臂。若求十八不共法者，應觀十八臂。即如畫像法觀也。若求三十二相，當觀三十二臂。若求八萬四千法門者，應觀八十四臂。」可見尊形是依所求之不同而有差別的。

關於此尊的畫像法，大體如次：尊像黃白色，腰下著白衣，身著輕羅綽袖之天衣，腰系綬帶。手腕帶白螺釧。有十八臂，面有三目，上二手作說法相，右第二手結施無畏印，第三手持劍，第四手持數珠，第五手持微若布羅迦果（Bījapūraka 子滿果），第六手持鉞斧，第七手持鉤，第八手持金剛杵，第九手把寶鬘。

左第二手持如意寶幢，第三手持蓮華，第四手持澡灌，第五手持索，第六手持輪，第七手持螺，第八手持賢瓶，第九手持般若波羅密經夾。

《現圖曼荼羅》、《別尊雜記》、《尊容鈔》、《阿娑縛抄》等書所刊載的圖像，一概相同。但是，《覺禪鈔》一書所載圖像則為八臂，其右第一手結施無畏印，第二手持金剛杵，第三手結與願印，第四手執鉤。左第一手持蓮華，第二手掛輪，第三手執澡瓶，第四手執鉤。

三、三昧耶形與種子

左第八手所持的賢瓶是三昧耶形。賢瓶即花瓶繫以綵帛之謂。瓶中盛以蓮花及水，此乃對眾生施以甘露之智水、開出本有之覺花之意。另有異說，謂甲冑、五股杵、蓮花、商佉謂三形。此處之甲冑，意謂此尊為金剛護菩薩所變、為守護佛法而來；又有大悲深重、保護眾生之意，並有護衛短命眾生之壽命，使之延長性命之意。另外，五股杵象徵諸尊之總德，表「佛母」之意。

此尊種子是（bu），取自梵號「母陀婆訛嚩底」（Buddhabhagavatī）的頭一個梵字。為覺悟之意，表「度化眾生使之覺悟」之意。

四、手印與真言

依儀軌所說，根本身印是：二小指二無名指向內相叉。二中指直豎，指頭相著。二食指指頭附在二中指上節側方。

二拇指各附在二食指之側。此印名為三股印。「三股」象徵面上之三目（即佛、蓮、金三部）。又有一說，謂拇、食、中、無名、小指分別配屬法界、大圓、平等、妙觀、成所之五智。

第二根本印是：二手向內相叉，二食指二拇指並列直豎。此名甲冑印。

根本真言如下：

南無（namaḥ）颯多喃　三藐三菩陀　俱胝喃（saptānāṃ-samyaksaṃbuddha-koṭīnāṃ 七千萬正等覺）怛姪他（tadyathā 即說）唵（oṁ）折隸（cale 覺動）主隸（cule 起昇）準提（cunde 清淨）娑婆訶（svāhā）

東密修法，常只持「唵、折隸、主隸、準提、莎訶」，而未用其前之歸敬語。

第二根本印之真言，主要作護身用，真言如下：

唵（oṁ）迦麼黎（kamale 蓮花）尾麼黎（vimale 無垢）準提（cunde 清淨）娑嚩賀

五、修持功能

依《准提陀羅尼經》謂，薄福無善根眾生，如持誦此咒，則能生菩提分之根芽，決定成就菩提云云。此外，持誦者也可祈求聰明、勝諍論、夫婦敬愛、使他人敬愛、求兒、延命、治病、滅罪、降雨、脫禁鏁、脫離惡鬼惡賊之難等。

六、經軌及參考資料

一、《七俱胝佛母准提大明陀羅尼經》（金剛智譯）。

二、《七俱胝佛母所說准提陀羅尼經》（不空譯）。

三、《七俱胝佛母心大准提陀羅尼經》（地婆訶羅譯）。

四、《七佛俱胝佛母心大准提陀羅尼法》（善無畏譯）。

五、《七俱胝獨部法》（同上）。

六、參考資料：《薄草訣》、《祕鈔問答》、《覺禪鈔》、《別尊難記》、《尊容鈔》、《諸說不同記》、《阿娑縛抄》、《行林抄》等。

——本文大體譯自《密教大辭典》（新文豐影印版）「准胝觀音」條，而略有刪節。

準提信仰札記

藍吉富

一、《了凡四訓》

《了凡四訓》的作者袁了凡，是明末《嘉興大藏經》刊行偉業的最早倡議者。而且，該藏經在版式方面捨棄傳統的「梵筴本」而改用「方冊本」方式，也是袁了凡的建議。因此，他可以說是《嘉興藏》最早的催生者與版面革新的倡議者。

袁了凡是一位因為持誦準提咒而改變一生的虔誠佛教徒。關於他持誦準提咒的因緣，請參閱他的示子書：《了凡四訓》中的第一篇〈立命之學〉。

在這篇相當感人的「示子書」中，有兩件事值得一提。其一是雲谷禪師所傳授給他的準提咒持誦法。禪師告訴他：

「……但能持準提咒，無記無數，不令間斷，持得純熟。於持中不持，於不持中持。到得念頭不動，則靈驗矣。」

其二是自持咒之日起，他的內心不再像往日的「悠悠放任」，而是「從此而後，終日兢兢……在暗室屋漏中，常恐得罪天地鬼神。」而且，更難得的是，他從此不斷地行善。

而且往往以行善三千件、一萬件之數量自期。

就這樣，他的命運突破了那位皇極神算所預言的宿命格局。

袁了凡一生的經歷、他的準提咒持誦法、他的持續行善，以及那位神相的準確度、雲谷禪師的立命之說等等，在在都值得今人深思。我很願意勸人詳讀這篇文字。

二、七佛通戒偈

在善無畏所譯的《七俱胝獨部法》中，曾有這樣的字句：

「佛言此咒及印能滅十惡、五逆一切重罪，成就一切白法功德。作此法不問在家出家。若在家人飲酒食肉、有妻子，不揀淨穢，但依我法，無不成就。」

這段文句曾引起歷代多人的討論，也曾有人因此而致疑。致疑的關鍵，在於可以「飲酒食肉、有妻子、不揀淨穢。」的描述。

這樣的文句，一則在彰顯此一咒語的獨特性及卓越功能，一則係為在家眾開啟方便之門，俾使一般在家佛子不致於因為畏懼禁戒的繁瑣而不敢持誦。

但是必須深思的是：在家眾「飲酒食肉、有妻子」等行為並不像殺人放火等一類直接傷害眾生的惡行，它們只不過類似間接性的「遮戒」而已。其中，可想而知的是喝酒必須以不使神智昏亂為限，否則口齒尚且不清，要如何持咒？至於「食肉（但不可殺生）、有妻子」，原本就是在家佛子所容許的，當然不算是惡行。

所以，這樣的「方便」並沒有鼓勵惡行的意思。事實上，在修持期間如能儘可能去惡行善，則效驗必有可能更形加強。這一點可以從前述《了凡四訓》一節得到印證。

袁了凡自從奉持準提咒之後，「終日兢兢……在暗室屋漏中，常恐得罪天地鬼神」。以佛門的「七佛通戒偈」做比況，這是「諸惡莫作」。他以行善三千件、一萬件自期而持續恭行善業，這是「眾善奉行」。至於依雲谷禪師所授而奉持準提咒：「於持中不持，於不持中持。到得念頭不動……。」這也與「自淨其意」的偈義相通。

對於一個對佛法並未深入而有意持誦準提咒的人來說，「諸惡莫作，眾善奉行，自淨其意，是諸佛教」這一「七佛通戒偈」，正可以用來作為日常行為的指針。畢竟，持咒不只是祈求現世效驗而已。逐步淨化個人的內在污染，培養關懷眾生疾苦的胸襟，使自己踏入菩薩道的莊嚴領域裏，這應該是準提菩薩更深一層的期許吧！

三、明末清初的準提法修持風氣

明代的顯教信徒，似乎有不少人修持準提法。尤其是到明末，修持者尤多。除了袁了凡一例為多人所習知之外，茲再舉出數例，以供參考。

明末項蘭齋（俊卿），父項忠，子項謙，三代仕宦於朝，也是虔持準提咒的世家。項忠自幼奉持，心不退轉。隨軍征戰各地，而屢蒙準提菩薩庇佑。項蘭齋官至大金吾，曾刊行《準提儀軌》、鑄造準提鏡施諸信眾，也曾「墮水不濡，遇寇辟易。」到第三代的項謙，官至閩漳別駕。其人一生也有多次蒙受準提菩薩庇佑的經驗。

在李自成軍隊即將攻入北京的前數日，項謙「夜夢山石崩飛，潛身無地。聞空中語曰：『但持我咒，爾難可免！』」不久，果然李自成軍隊攻陷北京。項謙率家丁巷戰「銛矛刺胸，衣不受損。徒步奔南，屢遇暴，不能害己。」

由於感謝準提菩薩的護持，項謙曾印行《佛母准提焚修悉地懺悔玄文》一書，以分贈有緣，並藉以弘揚準提法門的殊勝。

關於明代的準提法修持風氣，請參閱《佛母准提焚修悉地懺悔玄文》卷首諸篇序文，即可略知梗概。倒是值得一提的是明末幾位知名的大師，也都鼓勵信徒持誦準提咒。雲棲袾宏、憨山德清兩位大師都曾傳授準提法，天界覺浪禪師也稱「觀音與準提之救世最為靈應」。至於傳授袁了凡準提咒的雲谷禪師，也是與明末四大師同一時代的人物。可見當時此咒之風靡。

四、《顯密圓通成佛心要集》的作者

明清以來，中國佛教徒之修持準提法者，所用儀軌大多依據《顯密圓通成佛心要集》。有趣的是該書作者的年代與法號卻是言人人殊，莫衷一是。綜合起來，大約有下列不同記載：

㈠唐、道殿。㈡遼、道殿。㈢唐末五代、道殿。㈣元、道殿。㈤遼、道殿。

這些不同的記載，牽涉到三個問題，一個是這位法師法號的第二個字是什麼字；一個是他是什麼時代的人。造成這種混淆的原因是該書中之文句及序文，都沒有明確指出撰述年代，而且法號中的第二個字的寫法，在元、明版大藏經中也不易辨識。

不過，由於該書卷末有「今居末法之中，得值天佑皇帝菩薩國王」句，乃得一線索。「天佑皇帝」是遼道宗的尊號，加上卷首序文作者陳覺，在《遼史》道宗本紀二十二中也有關於他奉遼道宗，前往宋朝弔祭的記載。因此，《顯密圓通成佛心要集》一書的作者是遼道宗時人，已可確定。

至於人名的寫法，除了「道殿」二字中的「殿」字顯然是筆誤之外，「殷」、「啟」二字何者為正，我仍無把握（拙文暫用「殷」字）。在古代刻本中，元版《磧砂藏》本作「道殷」（卷末性嘉所撰〈後序〉）；明版《嘉興藏》本則作「道啟」（《嘉興藏》所收《閱藏知津》卷四二）。筆者的推測是：「殷」字可能是正確的。而「啟」字可能是「殷」字的訛字。

五、密咒顯修

明清以來的中國佛教界，雖然密教並不興盛，但是密咒之為顯教徒所常持誦者，也為數不少。在寺院朝暮課誦儀軌中，即含有數十種密咒。其中，最為國人所習知者，當數六字大明咒、大悲咒與往生咒。然而能有一修法儀軌為顯教徒所常修者，則當係以準提咒為核心的準提法。至於六字大明咒與大悲咒，雖然也各有儀軌，但都是藏傳密教儀軌，並沒有被漢傳顯教徒所普遍傳習。因此，漢傳顯教徒之依儀軌以普修之密法，準提法縱使不是唯一的法門，至少也是最為常見的法門。

六、西藏與印度的準提信仰

西藏佛教之中，原本也曾傳入準提法。元代慶吉祥所編的《至元法寶勘同總錄》（卷四，編號575至577）中，曾著錄西藏大藏經中已有相當於地婆訶羅與金剛智所譯的二部準提法儀軌，以及多羅句鈴多譯的《七俱胝佛母大明陀羅尼經》。在《德格版西藏大藏經》中（編號613．984），也收有類似的譯本，可見此法至遲在元代已經傳入西藏。只是傳習者少，因此在藏傳寧瑪、薩迦、噶舉、格魯四大派中，罕見有傳習此法者。逝世於一九八七年的藏密弘揚者陳健民居士，生前曾告訴筆者：他修習藏密多年，從未見過藏傳各派上師有人弘揚準提法。此法在西藏之少人問津，此又一證。

關於印度的準提法流傳情形，由於文獻不足，已不得其詳。不過可以確定的是這一法門確是傳自印度，而非中亞諸國。因為譯出相關經典的四位譯師之中，有三位（地婆訶羅、善無畏、金剛智）都是中印度人，而另一位（不空）雖是錫蘭（師子國）人，但卻是早年（十三、四歲時）即禮金剛智為師。因此，這四人所攜來的梵本應該是來自印度，而非中亞。

此外，在印度奧里薩（Orissa）省的拉特那基利地方也曾發現有準提菩薩像（參見佐和隆研《密教美術の原像》176頁，一九八二年法藏館版）。這一造像史實，也可以反映出對準提菩薩的崇拜與信仰，在印度確實是曾經存在過的。

七、台灣的準提信仰

準提信仰與佛教之傳入台灣幾乎同時，清末鄭成功率軍來台時，屬下李茂春也隨行到台南。其後，李茂春棲隱於台南，住處名為夢蝶園。入清之後，夢蝶園改為佛教寺院，易名為「準提庵」，並供奉準提佛母。這是文獻所載之台灣最早的準提信仰。

像準提庵這種主供準提佛母的寺刹雖然不多，但是清代、民國以來的台灣佛教界，準提信仰仍然可以說是普及的。這可以從下列幾個現象看出來：

㈠在台灣各地的寺院裏，除了大殿供奉其他佛菩薩之外，在偏殿供奉準提菩薩像的情形，也不罕見。

㈡準提咒在佛教徒中流傳頗廣，能夠持誦的人不少。準提咒是朝暮課誦中之十小咒之一，也是寺院飯食之後持誦的結齋咒。被佛教徒持誦的機率較大。

㈢近數十年來的台灣，傳弘準提法的道場，南北皆有。早年台北．社子總持寺，台北及新竹的十方禪林、台北陽明山的光泉寺、高雄的古巖寺……等都頗以傳準提法知名。

㈣由於準提法的持修不限僧俗，因此，各地的在家佛徒修持該法的小型聚會，也頗常見。

綜合台灣的全體佛教信仰現象來觀察，準提信仰雖然不是台灣佛教信仰的核心，但卻是自清初以來，迄今綿連不絕的涓涓細流。

準提法在中日兩國的流傳

藍吉富

一、中國歷史上的準提法

〔準提咒之初傳〕

很多人都知道準提法是開元三大士（善無畏、金剛智與不空）所傳入的，但卻很少人知道在開元三大士之前一百多年，準提咒早已經譯成漢語了。

依現存之文獻所見，在北周宇文氏統治時期來華的闍那崛多是最早將此咒譯成漢語的譯師。他在所譯《種種雜咒經》（《大正》㉑冊）中，即錄有〈七俱胝佛神咒〉，亦即現代佛教徒耳熟能詳的準提咒。

此外，玄奘也曾譯出準提咒。在他所譯的《咒五首》（《大正》⑳冊）中，也收有名為〈七俱胝佛咒〉的準提咒。

【準提法之傳入】

闍那崛多與玄奘所譯的只是準提咒本身，並沒有譯出修持準提咒的方法或儀軌。在這方面，必須要等到唐高宗時的地婆訶羅與開元三大士來華時，才有具體的文獻。其中，地婆訶羅所譯的儀軌還不太完整，直到不空與金剛智的譯本出現之後，中國才有比較完整的修持儀軌。因此，嚴格地說，準提法在中國，是要到開元三大士之時才正式出現的。

〈《顯密圓通成佛心要集》的出現〉

從開元三大士譯出準提法的完整儀軌之後三百多年間，筆者沒有發現依照這些儀軌修法、傳法的記載。直到遼道宗（在位期間為一〇五五—一一〇〇）時，五台山金河寺的道㲀撰出《顯密圓通成佛心要集》之後，中國的準提法傳承乃有相當大的改變。

道㲀這部書所創發的修法儀軌，內含法界真言、護身真言、六字大明咒與一字大輪咒，這些新增的真言是開元三大士所譯的準提法儀軌中所沒有的。而且，他在書中也宣揚華嚴思想，有意從事顯密融合。這與開元三大士之純粹站在密教立場的角度顯然不同。

也許可以這麼說，開元三大士所譯諸本是「印度式的準提法」；道𢑥這部書中所研擬出來的儀軌，則可稱之為「中國式的準提法」。依照現存文獻可以看出，道𢑥之後迄今的中國佛教徒之中，依據《顯密圓通成佛心要集》修準提法的人，遠比依據開元三大士譯本的人要多。從文化移轉的角度來看這一事例，應該也可以視之為「印度佛教中國化」的一項輔助證據吧！

倒是有關道殿其人及其代表作的年代眾說紛紜。有人說是唐代，也有人說是宋代或元代。對於「道殿」一名，有人寫成「道殿」，有人寫成「道㕧」，有人寫成「道殿」。

在這些不同的說法之中，結論應該是這樣的！

㈠他確是遼道宗時代的人。字「法幢」，俗姓杜，雲中（山西大同）人。

㈡他的法號在《磧砂藏》中寫成「道殿」，《嘉興藏》則寫成「道㕧」。我的推測是㕧字可能是「殿」字的行書體。可以確定的是，「道殿」是錯誤的。

這一小事例給我們的教訓是：取名字或法號時，千萬不要用罕見字。還有，最好在卷首或卷末註明著作年代。

〔明清兩代的準提法〕

自從道𧽻的《顯密圓通成佛心要集》出現之後，佛教界之修準提法者，受到相當程度的影響。有人依據這部書中的儀軌起修，有人則沿襲其中的「顯密圓融」路線而作小幅度的調整。而像開元三大士所譯儀軌那樣地全依密教立場修習的情形，反而少見。所以如此發展的原因，大概是修習者大多是顯教信徒而非密教行者的緣故吧！

明清二代修習此法者，大約有下列幾類：

㈠全面依循《顯密圓通成佛心要集》。

㈡以《顯密圓通成佛心要集》為核心，然有小幅度的調整。如：明代謝于教的《準提淨業》即採取此等路線，而加上持誦淨土系經咒，以導歸西方淨土。

㈢新編儀軌：如：明代夏道人所輯的《佛母準提焚修悉地懺悔玄文》是以唱頌偈讚以導引入懺悔情境的「準提懺法」。清代受登的《準提三昧行法》則依天台宗之修持方式為準提修持法所作的整理。清代弘贊的《持誦準提真言法要》則直接取材於開元三大士譯本，新編成此一持誦儀軌。其中所誦真言，與《顯密圓通成佛心要集》頗有不同。譬如儀軌中不用「文殊一字咒」而改用「無能勝咒」。此外，對《顯密圓通成佛心要集》所用的〈六字大明咒〉與〈一字大輪咒〉也全部刪除。可見他對道㲉儀軌中的若干組合，是並不同意的。

〔準提咒與現代佛教〕

在現代漢傳佛教界中頗為風行的〈十小咒〉中，〈準提神咒〉是第四小咒。而漢傳佛教徒所排定的「諸佛菩薩誕辰及紀念日」中，共有十二位佛、菩薩、祖師被排列其中。準提菩薩即其中之一，他的聖誕是陰曆三月十六日。

被現代漢傳佛教界重視的這十二位佛菩薩及祖師是：

㈠三佛：釋迦牟尼、阿彌陀、藥師。
㈡四大菩薩：觀音、文殊、地藏、普賢。
㈢其他菩薩：彌勒、準提、大勢至。

㈣護法神：韋馱。

㈤祖師：達摩。

由此可見，準提菩薩在現代漢傳佛教徒心目中，是並不陌生的，地位也是崇高的。

此外，寺院大眾在用餐過後所念的〈結齋咒〉，就是準提咒。將準提咒用來作為結齋咒，其意義雖然令人百思不解，但是就推廣而言，對準提咒的流傳當有一定程度的影響力。

在修法方面，台灣佛教界以持誦準提咒為法門的修行者，也頗有其人。在台北，南懷瑾先生所創辦的十方禪林，在首愚法師出任住持之後，即以弘揚《顯密圓通成佛心要集》一系的準提法著稱於時。此外，社子的總持寺，大約在一九七〇年代前後，由於住持普方上師的提倡，所修的準提法也頗為佛教界所知。台北縣新莊市，還有一寺院以此一菩薩為名，號曰「準提寺」。整體看來，準提法在台灣似有愈來愈盛的趨勢。

二、日本所傳的準提法

〔前言〕

與中國佛教界的信仰生態類似的一點是，日本的準提信仰也只是所有佛教信仰中的一支系，並不是主流。對準提佛母的崇拜風氣，不只不如釋迦、彌陀、藥師與大日諸佛；也不如地藏、文殊、觀音、虛空藏諸菩薩；在觀音信仰體系之中，十一面觀音、如意輪觀音與千手千眼觀音的信仰是在日本較為興盛的，以這些菩薩為主尊的寺院也頗為常見。比較起來，對準提菩薩的信仰風氣，是要稍遜一籌的。

不過，這只是就宏觀的角度所作的觀察。如果將視野集中在日本密教，則當會發現在日本各派密教（東密、台密與修驗道）行者之間，都有人修持準提法。

九世紀時開創京都醍醐寺的聖寶（理源大師），是日本準提法傳承史上的著名人物。聖寶也是修驗道當山派的祖師。聖寶曾為當時皇室之後嗣，修準提法。相傳朱雀、村上二位天皇的誕生，即與聖寶的修持此法有關。而聖寶所開創的醍醐寺內，也設有准胝堂以供奉準提菩薩。一直到現代，日本佛教界仍然有人修習準提法，新興宗教阿含宗的創始人桐山靖雄即其中之一，他認為自己的生命是準提菩薩所拯救的。一九五四年他在橫濱所創設的「觀音慈惠會」，也是以准胝觀音為本尊的信仰團體。

〔相關文獻〕

日本的準提法，主要的修持者是密教各派信徒。因此，相關的記載，幾乎都收在密教的修法資料之中，未見有專為準提法所撰的單行著作。收錄準提法的日本密教類著述，都是事相門典籍。這類典籍所收的內容，大多為修持各種密法之經驗傳承的記錄，而準提法即為其中之一法。這些事相類的密教典籍可以在《大正藏》、《大日本佛教全書》、《日本大藏經》中找到。

以《大正藏》為例，在續藏⑰、⑱、⑲三冊及〈圖像部〉所收諸書中，下列典籍，即皆收有準提法的相關資料：

㈠屬於台密者

①《三昧流口傳集》：卷下第73節〈六觀音事〉文中，收有準提法資料。

②《總持抄》：卷四載有〈准胝法事〉之相關記載。

③《阿娑縛抄》：卷六十七有〈准胝〉一節。

㈡屬於東密者

①《覺禪鈔》：卷五十二收有〈准胝法〉一節。

②《要尊道場觀》：卷上有〈准胝觀音道場觀〉。

③《薄草子口決》：卷八有〈准胝〉一節。

④《秘鈔問答》：卷八有〈准胝法〉一節。

⑤《別尊雜記》：卷二十一有〈准胝佛母〉一節。

⑥《五十卷鈔》：卷九有〈準提〉一節。

⑦《秘鈔口決》：卷十五有〈准胝法〉。

⑧《三寶院流洞泉相承口訣》：卷五有〈准胝〉一節。

⑨《白寶口抄》：卷六十、六十一有〈準提法〉（上

下）。

在日本的相關資料中，「准胝」與「準提」二詞是並用的，但以「準胝」一詞較為常見。此外，或稱為「準提佛母」，或稱為「准胝觀音」、「尊那佛母」……。所指皆為同一本尊。

這些文獻所記載的內容，類似行者修法前所準備的備忘錄或計劃書。

綜合起來，大約有下列諸項：

(1)準提法的典據：主要是開元三大士所譯的經軌。

(2)準提佛母應屬於何部（佛部或觀音部）？並敘述其理由。

(3)修法時須準備之法具或供品。

(4)修法時所應該知道的咒語、種字、手印、本尊密號、觀想法（「字輪觀」等）等事。

(5)本尊圖像繪製法。

(6)壇場布置法。

(7)法事修習次第。

(8)修法功能（即此法之效驗）。

(9)真言念誦法。

〔日本準提法與中國準提法的差異〕

茲分數點，略述日本準提法的特質，並藉以凸顯其與中國準提法的差異。

(1)日本的準提法，源自開元三大士譯本，而與中國遼代《顯密圓通成佛心要集》的修法全然異趣。

(2)日本的準提法傳承，主要存留在密教（尤其是東密與台密）之中，而中國自遼代以降，修準提法者多為顯教佛徒。中國這種顯密合修的特質與日本修法之純屬密教者顯然有異。

(3)由於日本傳承嚴守密教規矩，因此並未發展出像「準提懺法」一類的中國顯教式儀軌。

(4)日本修法者頗重視準提佛母到底應屬於「觀音部」或「佛部」。東密小野流認為應屬觀音部，廣澤流則認為應屬佛部。對於這一歸屬問題，中國佛教徒似乎並不太注意。

⑸日本準提法觀想的梵字，以本尊的種字「𑖤𑖲」為主，並不觀想𑖨𑖽（嚂）字。在真言方面，《顯密圓通成佛心要集》所提倡的淨法界真言、護身真言、六字大明咒，都不在日本人的準提法儀軌之中。倒是在作為修法輔助之「散念誦」諸咒中，有「一字金輪咒」（《覺禪鈔》卷五十二）。此咒即《顯密圓通成佛心要集》中所倡念的「大輪一字咒」。

立命之學
——《了凡四訓》第一篇

袁了凡

余童年喪父，老母命棄舉業學醫，謂可以養生，可以濟人，且習一藝以成名，爾父夙心也。

後余在慈雲寺，遇一老者，修髯偉貌，飄飄若仙，余敬禮之。語余曰：「子仕路中人也，明年即進學，何不讀書？」余告以故，並叩老者姓氏里居。曰：「吾姓孔，雲南人也。得邵子皇極數正傳，數該傳汝。」余引之歸，告母。

母曰：「善待之。」試其數，纖悉皆驗。余遂起讀書之念，謀之表兄沈稱，言：「郁海谷先生，在沈友夫家開館，我送汝寄學甚便。」余遂禮郁為師。

孔為余起數：縣考童生，當十四名；府考七十一名，提學考第九名。明年赴考，三處名數皆合。

復為卜終身休咎，言：「某年考第幾名，某年當補廩，某年當貢，貢後某年，當選四川一大尹，在任三年半，即宜告歸。五十三歲八月十四日丑時，當終於正寢，惜無子。」余備錄而謹記之。

自此以後，凡遇考校，其名數先後，皆不出孔公所懸定者。獨算余食廩米九十一石五斗當出貢；及食米七十餘石，屠宗師即批准補貢，余竊疑之。

後，果為署印楊公所駁，直至丁卯年，殷秋溟宗師見余場中備卷，歎曰：「五策，即五篇奏議也，豈可使博洽淹貫之儒，老於窗下乎！」遂依縣申文准貢，連前食米計之，實九十一石五斗也。

余因此益信進退有命，遲速有時，澹然無求矣。

貢入燕都，留京一年，終日靜坐，不閱文字。己巳歸，游南雍，未入監，先訪雲谷會禪師於棲霞山中，對坐一室，凡三晝夜不瞑目。

雲谷問曰：「凡人所以不得作聖者，只為妄念相纏耳。汝坐三日，不見起一妄念，何也？」

余曰：「吾為孔先生算定，榮辱生死，皆有定數，即要妄想，亦無可妄想。」

雲谷笑曰：「我待汝是豪傑，原來只是凡夫。」問其故！曰：「人未能無心，終為陰陽所縛，安得無數？但惟凡人有數；極善之人，數固拘他不定；極惡之人，數亦拘他不定。汝二十年來，被他算定，不曾轉動一毫，豈非是凡夫？」

余問曰：「然則數可逃乎？」曰：「命由我作，福自己求。詩書所稱，的為明訓。我教典中說：『求富貴得富貴，求男女得男女，求長壽得長壽，』夫妄語乃釋迦大戒，諸佛菩薩，豈誑語欺人？」

余進曰：「孟子言：『求則得之，是求在我者也！』道德仁義，可以力求；功名富貴，如何求得？」

雲谷曰：「孟子之言不錯，汝自錯解耳。汝不見六祖說：『一切福田，不離方寸；從心而覓，感無不通。』求在我，不獨得道德仁義，亦得功名富貴；內外雙得，是求有益於得也。

「若不反躬內省，而徒向外馳求，則求之有道，而得之有命矣，內外雙失，故無益。」

因問：「孔公算汝終身若何？」余以實告。雲谷曰：「汝自揣應得科第否？應生子否？」

余追省良久。曰：「不應也。科第中人，類有福相，余福薄，又不能積功累行，以基厚福；兼不耐煩劇，不能容人；時或以才智蓋人，直心直行，輕言妄談。凡此皆薄福之相也，豈宜科第哉。

「地之穢者多生物，水之清者常無魚；余好潔，宜無子者一；和氣能育萬物，余善怒，宜無子者二；愛為生生之本，忍為不育之根；余矜惜名節，常不能捨己救人，宜無子者三；多言耗氣，宜無子者四；喜飲鑠精，宜無子者五；好徹夜長坐，而不知葆元毓神，宜無子者六。其餘過惡尚多，不能悉數。」

雲谷曰：「豈惟科第哉。世間享千金之產者，定是千金人物；享百金之產者，定是百金人物；應餓死者，定是餓死人物；天不過因材而篤，幾曾加纖毫意思。

「即如生子，有百世之德者，定有百世子孫保之；有十世之德者，定有十世子孫保之；有三世二世之德者，定有三世二世子孫保之；其斬焉無後者，德至薄也！

「汝今既知非。將向來不發科第，及不生子相，盡情改刷；務要積德，務要包荒，務要和愛，務要惜精神。從前種種，譬如昨日死；從後種種，譬如今日生；此義理再生之身也！

「夫血肉之身，尚然有數；義理之身，豈不能格天。太甲曰：『天作孽，猶可違；自作孽，不可活。』詩云：『永言配命，自求多福。』孔先生算汝不登科第，不生子者，此天作之孽，猶可得而違；汝今擴充德性，力行善事，多積陰德，此自己所作之福也，安得而不受享乎？

「易為君子謀，趨吉避凶；若言天命有常，吉何可趨，凶何可避？開章第一義，便說：『積善之家，必有餘慶』；汝信得及否？」

余信其言，拜而受教。因將往日之罪，佛前盡情發露，為疏一通，先求登科；誓行善事三千條，以報天地祖宗之德。

雲谷出「功過格」示余，令所行之事，逐日登記；善則記數，惡則退除，且教持「準提咒」，以期必驗。

語余曰：「符籙家有云：不會書符，被鬼神笑；此有秘傳，只是不動念也。執筆書符，先把萬緣放下，一塵不起。從此念頭不動處，下一點，謂之『混沌開基』，由此而一筆揮成，更無思慮，此符便靈。凡祈天立命，都要從無思無慮處感格！

「孟子論立命之學，而曰：『夭壽不貳。』夫夭與壽，至貳者也！當其不動念時，孰為夭，孰為壽？細分之，豐歉不貳，然後可立貧富之命；窮通不貳，然後可立貴賤之命；夭壽不貳，然後可立生死之命。人生世間，惟死生為重，曰夭壽，則一切順逆皆該之矣！

「至修身以俟之，乃積德祈天之事。曰修，則身有過惡，皆當治而去之；曰俟，則一毫覬覦，一毫將迎，皆當斬絕之矣。到此地位，直造先天之境，即此便是實學。

「汝未能無心，但能持『**準提咒**』，無記無數，不令間斷，持得純熟，於持中不持，於不持中持。到得念頭不動，則靈驗矣。」

余初號學海，是日改號了凡；蓋悟立命之說，而不欲落凡夫窠臼也。從此而後，終日兢兢，便覺與前不同。前日只是悠悠放任，到此自有戰兢惕厲景象，在暗室屋漏中，常恐得罪天地鬼神；遇人憎我毀我，自能恬然容受。

到明年禮部考科舉，孔先生算該第三，忽考第一；其言不驗，而秋闈中式矣！

然行義未純，檢身多誤；或見善而行之不勇，或救人而心常自疑；或身勉為善，而口有過言；或醒時操持，而醉後放逸；以過折功，日常虛度。自己巳歲發願，直至己卯歲，歷十餘年，而三千善行始完。

時，才從李漸庵入關，未及回向。庚辰南還。始請性空、慧空諸上人，就東塔禪堂回向。遂起求子願，才許行三千善事。辛巳、生汝天啟。

余行一事，隨以筆記；汝母不能書，每行一事，輒用鵝毛管，印一硃圈於曆日之上。或施食貧人，或買放生命，一日有多至十餘圈者。至癸未八月，三千之數已滿。復請性空輩，就家庭回向。九月十三日，復起求中進士願，許行善事一萬條，丙戌登第，授寶坻知縣。

余置空格一冊，名曰「治心編」。晨起坐堂，家人攜付門役，置案上，所行善惡，纖悉必記。夜則設桌於庭，效趙閱道焚香告帝。

汝母見所行不多，輒顰蹙曰：「我前在家，相助為善，故三千之數得完；今許一萬，衙中無事可行，何時得圓滿乎？」

夜間偶夢見一神人，余言善事難完之故。神曰：「只減糧一節，萬行俱完矣！」蓋寶坻之田，每畝二分三釐七毫。余為區處，減至一分四釐六毫，委有此事，心頗驚疑。適幻余禪師自五臺來，余以夢告之，且問此事宜信否？

師曰：「善心真切，即一行可當萬善，況合縣減糧、萬民受福乎？」吾即捐俸銀，請其就五臺山齋僧一萬而回向之。

孔公算予五十三歲有厄，余未嘗祈壽，是歲竟無恙，今六十九矣。書曰：「天難諶，命靡常。」又云：「惟命不於常」，皆非誑語。吾於是而知，凡稱禍福自己求之者，乃聖賢之言。若謂禍福惟天所命，則世俗之論矣！

汝之命，未知若何？即命當榮顯，常作落寞想；即時當順利，當作拂逆想；即眼前足食，常作貧窶想；即人相愛敬，常作恐懼想；即家世望重，常作卑下想；即學問頗優，常作淺陋想。

遠思揚祖宗之德，近思蓋父母之愆；上思報國之恩，下思造家之福；外思濟人之急，內思閑己之邪。

務要日日知非，日日改過；一日不知非，即一日安於自是；一日無過可改，即一日無步可進；天下聰明俊秀不少，所以德不加修、業不加廣者，只為因循二字，耽閣一生。

雲谷禪師所授立命之說，乃至精至邃、至真至正之理，其熟玩而勉行之，毋自曠也。

#〔修持篇〕

準提咒修持法簡介

藍吉富

一、經典所載之修持法

〔所依典籍〕

㈠地婆訶羅譯《佛說七俱胝佛母心大准提陀羅尼經》。
㈡不空譯《七俱胝佛母所說准提陀羅尼經》。
㈢善無畏譯《七俱胝佛母心大准提陀羅尼法》與《七俱胝獨部法》。

㈣金剛智譯《佛說七俱胝佛母准提大明陀羅尼經》。

上述諸經及儀軌皆收在《大正藏》第⑳冊。

〔修持法簡介〕

㈠經常持誦準提咒。

㈡如有特殊狀況，可作特殊修法。經中曾提出數十種各具不同效驗的修持法（如以鏡壇修法等等）。

㈢依儀軌作壇、結印、持咒、安置本尊，如法修持。此儀軌具載在不空譯本所附之《七俱胝准提陀羅尼念誦儀軌》與金剛智譯本所附之《七俱胝佛母准提陀羅尼念誦法》書中。然行者如欲依儀軌起修，仍以延請阿闍梨如法傳授為宜。

〔附誌〕

㈠持誦所得的效驗，與次數多寡有密切的關係。誦滿一萬遍有一萬遍的效驗，誦滿二萬遍有二萬遍的效驗。依經典所載，如法誦滿三十萬遍、六十萬遍、七十萬遍或九十萬遍，分別會有不同的效驗或境界。

㈡出家眾能修梵行、持淨戒以修此固屬最佳，然在家眾雖然娶妻食肉，仍可修持此法。

二、遼・道殿所倡之修持法

〔所依典籍〕

遼・道殿撰《顯密圓通成佛心要集》（《大正藏》46冊）。

〔修持法簡介〕

㈠此法是道殿以準提咒為核心所整編的修法儀軌。其中有手印、有觀想、有梵字、也有各種不同的真言。所誦真言的次序是法界真言（唵嚂）二十一遍→護身真言（唵齒臨）二十一遍→六字大明咒一〇八遍→準提咒與一字大輪咒（唵部林）合誦一〇八遍。

(二)儀軌中也包含息災、增益、敬愛、降伏、出世間等五種特別作法。這些特別法門的核心內容都是鏡壇與準提咒，但是所觀想的梵字、本尊的顏色、供品的種類、修法者自身衣服的顏色、修法時間等，都有所不同。

〔附誌〕

(一)書中還記載五種持誦法（瑜伽持、出入息持、金剛持、微聲持、高聲持）及修持效驗的相應相狀等。

(二)如欲依儀軌修持，則仍以禮請阿闍梨如法傳授為宜。

(三)這一修法是道殿的新訂儀軌，與金剛智、不空自梵文譯來的儀軌並不相同。

三、日本密教（東密與台密）的修持法

〔所依典籍〕

㈠金剛智、善無畏與不空所譯諸經軌。

㈡日本密教各派密教著作中的「准胝法」章。如：《別尊雜記》（卷二十一）、《阿娑縛抄》（卷六十七）、《五十卷鈔》（卷九）、《覺禪鈔》（卷五十二）……。

〔修持法簡介〕

㈠日本密教各派的準提法，是以開元三大士所譯經軌為依據的修持法。各派依據這些經軌再作進一步的整理。所整理出來的著作可以作為各派修法前的「修法計畫書」。因此，有意修習此法者，在得到阿闍梨灌頂之後，可再詳細研究這些著作，俾得掌握此法之精義。

㈡以東密的《覺禪鈔》為例，該書（卷五十二）所載的「准胝法」除了包含與準提信仰相關的若干外緣知識之外，還包含修法效驗、形像、曼荼羅、真言、修法時須準備之物品、修法時之忌諱、種字、手印、觀想法、念誦法、護摩法、加持作法等內容。

㈢日本佛教界所修準提法的儀軌，是日本人站在密教立場，依開元三大士譯本所作的綜合整理。這與中國遼代《顯密圓通成佛心要集》傳世後之「顯密合流」的準提法修持趨勢，並不相同。

四、《準提淨業》所載的修持法

〔所依典籍〕

明．謝于教撰《準提淨業》（新版《卍續藏》㊾冊）。

〔修持法簡介〕

㈠持誦法：大體取自《顯密圓通成佛心要集》。然在持咒之後，續誦《心經》、《普賢行願品》、《觀無量壽經》（〈上品上生章〉）、〈往生咒〉、迴向西方願文。並附「十念法門」以求生西方淨土。

㈡觀行儀軌：略依《顯密圓通成佛心要集》而訂一觀行儀軌。內含壇法（境壇）、觀佛母形相、觀梵字、布字、懺悔發願、結印、淨業續課（誦經）等內容。

㈢顯密雙修觀行說：此文前半亦同《顯密圓通成佛心要集》中所說。然文末另附〈淨業圓修說〉、〈淨業正願〉、

〈發菩薩願〉、〈六度萬行齊修〉、〈決生淨土〉、〈普賢願王、得生極樂〉諸短文，弘揚西方淨土。卷末另附〈供佛利生儀〉，亦係取自《顯密圓通成佛心要集》者。

五、準提懺法

〔所依典籍〕

明．夏道人輯《佛母準提焚修悉地懺悔玄文》（新版《卍續藏》⑭冊）。

【修持法簡介】

㈠持誦淨口、淨身、淨手真言。

㈡入壇三禮、觀想、唱讚、祈求、皈命、頂禮。

㈢讀懺悔文、持〈大輪明王滅罪真言〉、發願。

六、《准提三昧行法》所載的修持法

【所依典籍】

清．受登《准提三昧行法》（新版《卍續藏》㊹冊）。

〔修持法簡介〕

㈠這是將天台思想融入準提法門的修持法。所安排的內容，較適合以二十一日（三七日）為一期的專修者。

㈡修法順序是：嚴治道場→清淨三業→三業供養→奉請三寶諸天→讚嘆申誠→作禮→持咒→修法五悔（懺悔、勸請、隨喜、迴向、發願）、行道旋繞、入三摩地。

七、《持誦準提真言法要》所載的修持法

〔所依典籍〕

清．弘贊輯：《持誦準提真言法要》（新版《卍續藏》⑲冊）。

〔修持法簡介〕

㈠這是清僧弘贊新編的持誦法，與道殿《顯密圓通成佛心要集》中之儀軌不同。

㈡修持順序：備置境壇↓懺悔↓結印正坐↓觀想梵字↓誦淨法界真言二十一遍↓結無能勝印↓持無能勝咒↓加持數

珠→誦準提咒（至少一〇八遍）→誦咒畢，結金剛拳印，誦「吽」字印自身五處（額、右肩、左肩、心、喉），頂上散印。

㈢卷末附有〈供齋儀〉，主張修真言行者，須隨力供養三寶。

八、〈準提咒的研究〉所載的修持法

【所依典籍】

民國・談玄〈準提咒的研究〉。

〔修持法簡介〕

㈠這是一篇對準提法所作的現代綜合整理。作者顯然是直取唐代譯本的精義，而未用遼代道㲀的《顯密圓通成佛心要集》。

㈡文中所述的持誦儀軌，簡易可行，頗適合現代在家信徒修習。此外另有修觀方法、梵字布字法等。

準提咒的研究

談　玄

一、緒論

佛陀說法，不出顯密二門，顯則廣談性相，曉悟玄理，修證法身。密乃但令持誦，不加了知，默登聖位；今此準提陀羅尼者，即經密教，即身默證佛果之大乘也。

此咒以秘密法界真如為體，不思議三密為用，一切法中之最上乘，一切教法，皆從此出，如千流萬派，不出大海，三藏教海，亦不出秘藏。誦此咒者，六度萬行，自然具足也。然而，真言教法，一音一字，全是無相法界，一語一默，無不從此流出，故經云：「佛為愍念未來諸眾生故，說過去七俱胝准提如來等，佛母准提陀羅尼。若有四眾，受持此咒，滿九十萬遍，無量劫來，五無間等，一切諸罪，悉滅無餘，所在生處，皆得值遇諸佛菩薩，所有資具，隨意充足，速得成就無上菩提。」又云：「若有誦此陀羅尼者，乃至未坐道場，一切菩薩，為其勝友，又此準提，大明陀羅尼，諸佛菩薩所說，為利益一切眾生，無邊菩提道場故。若有薄福眾生，無有少善根者，無有根器之者，無有菩提分者，是人若得聞此準提，大明陀羅尼，若讀一遍，即得菩提分根器芽生，何況誦持，常不懈廢。由此善根，速成佛種，無量功德，皆悉成就，無量眾生，遠離塵垢，決定成就阿耨菩提。」由斯可知，此咒不可思議之神力也。

二、此咒的由來

此咒傳來，若存若失，前後共有七譯，今存者僅有四譯焉。

㈠大唐天竺三藏地婆訶羅於垂拱二年，西魏國寺譯名《佛說七俱胝佛母心大準提陀羅尼經》。末題又名，大明咒藏，六萬偈中，出此《七俱胝佛母心大準提陀羅尼經》一卷。

㈡唐．善無畏奉詔譯，名《七佛俱胝佛母心大準提陀羅尼法》，內分三部，一、獨部別行，二、七俱胝獨部法。三、準提別法。案此譯最為圓融，修行者，不揀在家出家，飲酒食肉，皆可誦持也。

㈢唐．天竺三藏金剛智譯名《佛說七俱胝佛母準提大明陀羅尼經》。

㈣唐．三藏沙門不空奉詔譯《七俱胝佛母所說準提陀羅尼經》。

餘者有闍那崛多、天息災、法賢等，皆有翻譯。《會釋》云：「準提真言，前後數譯，而不空三藏，深得密教之傳，由金剛薩埵，親於毗盧遮那佛前，受瑜伽最上乘義後，數百年傳於龍樹，龍樹傳龍智，智傳金剛智，智來震旦，以五部瑜伽，及毗盧遮那經、蘇悉軌範，授與不空三藏。及金剛智滅度後，三藏奉其遺教，復遊天竺諸國，增廣其學，於師子國，從龍智阿闍梨，求開十八會金剛頂，及大悲胎藏之法，法化相承，自毗盧遮那如來，至於不空三藏，凡六葉矣。空既遍遊天竺，復得親傳之旨，故其所譯，真言儀軌，悉詳備焉。」

三、持誦的儀軌

案此咒儀軌，甚繁，依經梵本有十萬偈，今取準提心要，求其簡便，以利初學，持咒人須立鏡壇，取一新鏡未曾用者，鏡面向西，行者面向東，每月十五日夜，隨力設供養具，結準提印當心，咒鏡一百八遍，然後照常持誦。

每日早晚，對鏡焚香禮拜已，便觀想佛母準提像，有無量光明相好一一現前。念：

南無七俱胝佛母大聖準提王菩薩。（三拜）

南無準提會上佛菩薩。（三拜）

南無準提會上護法護咒一切聖眾。（一拜）

「稽首皈依蘇悉帝，頭面頂禮七俱胝，我今稱贊大準提，惟願慈悲垂加護。（念一遍）」

念七俱胝佛母心大準提陀羅尼真言曰：

那麼颯哆喃，三藐三勃佗俱胝喃，怛姪也他，唵，者禮，主禮，准泥，娑嚩訶。

四、修觀的手法

念咒時，觀想佛母準提寶像，有無量光明相好，身黃白色，結跏趺坐，坐蓮花上，身佩圓光，著輕縠，如十波羅密菩薩，衣上下皆作白色，復有天衣角絡瓔珞，頭冠臂環，皆著螺釧，檀慧著寶環，其像面有三目，十八臂，上二手作說法相，右第二手作施無畏，第三手執劍，第四手持寶鬘，第五手掌俱緣，第六手持鉞斧，第七手執鉤，第八手執金剛杵，第九手持念珠，左第二手執如意寶幢，第三手持開敷紅蓮花，第四手軍持，第五手羂索，第六手持輪，第七手商佉，第八手賢瓶，第九手掌般若梵夾。蓮花下觀想水池，池中有難陀龍王，塢波羅陀龍王，拓蓮花座。左邊有持誦者，手持香爐，瞻仰聖者，準提佛母，矜愍持誦人，眼下顧視。上有二淨居天子，一名俱素陀天子，手持花鬘向下，承空而來，供養聖者，此為觀法之大略也。

若不能作如是觀者，隨意所便，諦觀一物（十八臂所執法物），則念慮誠一，雜妄不生，是謂意密，加以誦咒為口密，結印為身密，是謂三密相應。上根持誦，方能有此，久不間斷，則獲福廣大，即於此生，得進菩提矣。

次結印，案七俱胝佛母準提陀羅尼念誦法中，共有印契二十，若上智利根，好樂廣文，不妨依照修學。今為方便起見，引發初心，只結根本印，用兩手無名指並小指相叉於內，兩中指直豎相柱，兩頭指屈附中指第二節，兩大拇指並捻右手無名指中節，根本印成矣。

五、此咒的真義

經云：「應思維字種子字義。」自唵字至賀字，此九聖字，能生一切字，故曰種子。若得唵字門，秘密相應，即得諸佛無盡法藏，則悟一切，法本不生除，而達諸法實相，則一切行願，皆悉滿足。九言義者：

「唵」𑖌𑖽字者，是三身義，亦是一切法本不生義。智譯云，唵字門者，是流注不生不滅義。復於一切法，為最勝義。

「者」𑖓字者，一切法不生不滅義。智譯云：於一切法是無行義。

「禮」字者，一切法相無所得義。

智譯云：於一切法是無相義。

「主」字者，一切法無生滅義。

智譯云：於一切法是無起住義。

「禮」字者，一切法無垢義。

智譯云：於一切法是無好義。

「准」字者，一切法無等覺義。

智譯云：（相同）

「泥」字者，一切法無取捨義。

智譯云：（相同）

「娑嚩」字者，一切法平等，無言說義。

智譯云：（相同）

「賀」字者，一切法無因義。

智譯云：於一切法無因、寂靜無住，涅槃義。

由一切法，本不生故，即得不生不滅。由不生不滅故，即得相無所得。由相無所得故，即得無生滅。由無生滅故，即得無垢。由無垢故，即得無等覺。由無等覺故，即得無取捨。由無取捨故，即得平等無言說。由平等無言說故，即得無因無果。般若相應無所得，以為方便，入勝義諦，則證法界真如；皆以此三摩地也。

金剛智譯云：結根本契成，即想自身，猶若釋迦如來，三十二相，八十種好，紫磨金色，圓滿身光，想已以手契，觸頭上布唵字，觸眼中布折字，一一依字，次第，乃至兩足，皆以契觸布之。

次說陀羅尼字想，布於身法：

唵想安頭上，其色白如月，放於無量光，除滅一切障，即同佛菩薩，摩是人頂上。

者字安兩目，其色如日月，為照諸愚暗，能發深慧明。

隸字安頸上，色如紺琉璃，能顯諸色相，漸具如來智。

主字想安心，其色如皎素，猶心清淨故，速達菩提路。

隸字安兩肩，色黃如金色，猶觀是色相，能被精進甲。

准字想齊中，其色妙黃白，速令登道場，不退菩提故。

提字安兩髀，其色如淺黃，速證菩提道，得坐金剛座。

莎嚩字兩脛，其狀作赤黃，常能想是字，速得轉法輪。

賀字置兩足，其色猶滿月，行者作是想，速得達圓寂。

如是布字想念色，便成准提勝法門，亦名本尊真實相，能滅諸罪得吉祥，猶如金剛堅固聚，是名準提勝上法、若常如是修行者，當知是人速成悉地。觀想梵字，所有功德，不可思議，每一梵字，即體是諸佛菩薩身心故。或有不能想得梵字者，但只專心持誦，亦具一切三昧。故《大悲心經》云：「陀羅尼是禪定藏，百千三昧，常現前故。」若人專心持誦，一切罪障，皆得滅除，無量福慧自然增長。

六、誦咒的成驗

佛言：若一心靜思誦此咒，滿九萬遍，無量劫造十惡五逆，四重五無間罪，悉皆消滅，所生之處，常遇菩薩，豐饒財寶，誦滿二十六萬遍，乃至四十六萬遍，世出世法，無不稱遂，便於夢中，見佛菩薩，及以華菓，口吐黑物，飲喫白物，即知成就。或夢見自身，騰空自在，或渡大海，或浮江河，或上樓台高樹，或登白山，或乘師子白馬白象，或夢見好華果，或夢見著黃衣白衣，或夢吞日月等，即是無始罪滅之相。或夢見佛像，或聞法音，或覺自身巍巍高大，或齒落重生，或髮白返黑，或貪嗔痴心，自然消滅，或總持不忘，一字能演多義，或智慧頓生，自然通曉一切經律論，或一切三昧法門，自然現前，或福德頓高，四眾歸仰。若逢如上之事，但是福慧增長，近成就相，莫生疑惑之心，勿起取著之念，更須策發三業，加功誦持，不得宣說咒中境界，衒賣與人，不為名利敬讚，而宣說之，否則，雖有如是之力，未免墮落魔外也。

七、此咒的殊勝

準提咒之殊勝，有三種，不同餘咒。

㈠準提咒，總含一切諸真言故，一切真言，不能含準提，如大海能攝百川，百川不攝大海。

㈡準提壇法，人易辦故，但以一新鏡，未曾用者，便是壇法，不同餘咒，建辦壇法，須得揀選淨處，香泥塗地，廣造佛像，多用供具，方能成就。

㈢為不揀染淨，得誦持故，不問在家出家，飲酒食肉，有妻子等，皆能持誦，因為今時，俗流之輩，帶妻挾子，飲酒噉肉，是為常業，雖逢善知識教示，習性難以改革，若不用此大不思議咒法救脫，如是人等，何日得出生死，不同餘咒，須要持戒，方得誦習。又《大教王經》云：「七俱胝如來三身讚，說準提菩薩真言，能度一切賢聖，若人持誦，一切所求，悉得成就，不久證得，大準提果。是知準提真言，密藏之中，最為第一，是真言之母，神咒之王也。」

八、結論

經云：佛國無諸女人，解之者曰，女人作佛者，皆變成佛相，不復有女人舊相也。而準提王，獨以佛母名者何哉？一日瞻拜之下，忽有思曰：母者養育之義也；慈愛之稱也。蓋父師之督責，不能施於有生之初，母氏之劬勞，偏能適其赤子之性，諸佛之戒律甚嚴，父師教誨之道也，準提之接引甚寬，母氏慈祥之德也。何者？諸佛欲眾生之出世也，必嚴其防而正告之曰：人生好色者，不能成佛，爾之妻子，不必有也；人生殘忍者，不能成佛，爾於有情之肉，不必食也；人生迷亂其性者，不能成佛，爾於清酒美醴，不必染指而沾唇也；其教可謂嚴矣！於是眾生，能者從之，不能者去之。

準提王慮其從之者少，去之者多也。因立一法，以誘之，曰：爾能從我教，我聽爾有妻子也，但勿邪淫足矣；爾能從我教，吾聽爾食肉以果腹也，但一月中，齋戒數日足矣；爾能從我教，吾聽爾取旨酒，而少嘗之也，但令湎克不沉湎焉亦足矣；若爾不信，我將爾所欲求，如官爵，如眷屬，如寶珠仙藥之難致者，第從我教而誦吾咒，皆可大慰其懷，來我教不以飲酒食肉有妻子之故，而拒絕於爾也。亦見我教之寬而可從乎？於是眾生之從佛者，聞準提之名，而信之向之；即眾生之不從佛者，亦聞準提之名，而信之向之。何也？人情畏父師之嚴，樂母氏之寬，故世尊之法，人畏其難，準提之法，人樂其寬，此佛母之名所由來也歟！

雖然，立教者既寬，而奉教者又欲嚴，必體慈母愛子之心，如臨深淵，如履薄冰，有善必進，有過必知而改，然後可以立身而成佛耳。倘恃母氏之寬而放責也，遂肆情欲以自陷於罪戾，雖有聖善之母而不能濟其苦，是可悲也！是可畏也！

民國二十二年，六月六日，於世界佛苑圖書館

準提咒持誦儀軌

——摘錄自《顯密圓通成佛心要集》卷上

遼・道　殿

謂真言行者，每日欲依法持誦時，先須金剛正坐，（以右腳壓左腳髀上，或隨意坐亦得。）手結大三昧印，（二手仰掌展舒，以右手在左手上，二大拇指甲相著，安臍輪下，此印能滅一切狂亂妄念雜染思惟。）澄定身心，方入淨法界三昧。謂想自身頂上，有一梵書嚂字，此字遍有光明，猶如明珠，或如滿月，想此字已，復以左手結金剛拳印，（以大拇指捻無名指根第一節，餘四指握大拇指作拳，此印能除內外障染，成就一切功德。）右手持數珠，口誦淨法界真言二十一遍，真言曰：

唵嚂（或只單持嚂字亦得，或名㘕字）

（此是梵書唵嚂）

此淨法界嚂字，若想若誦，能令三業悉皆清淨，一切罪障盡得消除，又能成辦一切勝事。隨所住處悉得清淨，衣服不淨，便成淨衣，身不澡浴，便當澡浴，若用水作淨，不名真淨，若用此法界心嚂字淨之，即名畢竟清淨瓶。如靈丹一粒，點鐵成金，真言一字，變染令淨。偈云：囉字色鮮白，空點以嚴之。（梵書囉字上安空點，即成嚂字也。）如

彼髻明珠，置之於頂上，真言同法界，無量眾罪除，一切觸穢處，當加此字門。（若實外緣不具，無水洗浴，闕新淨衣，但用此嚂字淨之，若外緣具者，先用水了，著新淨衣，更用此嚂字淨之，即內外具清淨也，廣如諸真言儀軌經說。）

次誦護身真言二十一遍，真言曰：

唵齒臨（二合。臨字去聲，彈舌呼之。嚙臨，一作體哩呬淫，一作叱洛呬淫，皆四合也。）

（此是梵書唵嚙齒臨字，已下例准知之。）

若誦此咒，能滅五逆十惡一切罪業，能除一切種種病苦，災障惡夢，邪魅鬼神，諸不祥事，而能成辦一切勝事，令一切所願皆得圓滿。此咒是諸佛心，若人專心誦一遍，能

守護自身，一切鬼神天魔不敢侵近；誦兩遍，能守護同伴；誦三遍，能守一宅中人；誦四遍，能守護一城中人；乃至七遍，能守護四天下人。（廣如《文殊根本一字咒經》說，○上二咒各持一百八遍亦得。）

次誦六字大明真言一百八遍，真言曰：

唵麼抳鉢訥銘吽（一作唵嘛呢叭彌吽，一作唵嘛呢巴達墨吽翁。）

若誦此咒，隨所住處，有無量諸佛菩薩、天龍八部集會，又具無量三昧法門。誦持之人，七代種族，皆得解脫。腹中諸蟲，當得菩薩之位。是人日日得具六波羅蜜圓滿功德，得無盡辯才清淨智聚，口中所出之氣，觸他人身，蒙所觸者，離諸嗔毒，當得菩薩之位。假若四天下人，皆得七地菩薩之位，彼諸菩薩所有功德，與誦六字咒一遍功德，等無有異，此咒是觀音菩薩微妙本心。若人書寫此六字大明，則同書寫八萬四千法藏，所獲功德，等無有異。若以金寶造如來像數如微塵，不如書寫此六字中一字功德。若人得此六字大明，是人貪嗔癡不能染著，若戴持此咒在身者，亦不染著貪嗔癡病。此戴持人，身手所觸，眼目所覩，一切有情，速得菩薩之位，永不復受生老病死等苦。說此六字大明竟，有七十七俱胝佛一時現前，同聲說准提咒，即知此六字大明，與准提真言，次第相須也。（廣如《大乘莊嚴寶王經》說）

然後結准提印當於心上，以准提真言，與一字大輪咒，一處同誦一百八遍竟，於頂上散其手印，（或有不樂大輪咒者，只持准提真言亦得。准提印法，以二手無名指并小指相叉於內，二中指直豎相拄，二頭指屈附二中指第一節，二大拇指捻右手無名指中節。若有請召，二頭指來去。正結印誦咒欲記數時，於自身分手指上記，或准提菩薩手臂上記，或於觀心上記，或十記皆得。或結印誦得一千八十遍更好，或一百八遍外，但以左手作金剛拳印，右手掐數珠持亦得，若務忙者，只散持之。）七俱胝佛母心大准提陀羅尼真言曰：

南無颯哆喃。三藐三菩馱。俱胝喃。怛你也他。

唵。折隸。主隸。准提。娑婆訶。唵部林（一作沒隆。）

佛言：此咒能滅十惡、五逆一切罪障，成就一切白法功德。持此咒者，不問在家、出家、飲酒、食肉、有妻子；不揀淨穢，但至心持誦，能使短命眾生，增壽無量，迦摩羅疾，尚得除差；何況餘病，若不消滅，無有是處。

若誦滿四十九日，准提菩薩令二聖者常隨其人，所有善惡心之所念，皆於耳邊一一具報。若有無福無相，求官不遂，貧苦所逼者，常誦此咒，能令現世得輪王福，所求官位，必得稱遂。（禪宗傳燈錄中，引古人云：俱胝只念三行咒，便得名超一切人是也。）若求智慧得大智慧。求男女者，便得男女。凡有所求，無不稱遂，似如意珠，一切隨心。又誦此咒，能令國王大臣，及諸四眾，生愛敬心，見即歡喜。誦此咒人，水不能溺，火不能燒，毒藥怨家，軍陣強賊，及惡龍獸諸鬼魅等，皆不能害。

若欲請梵王、帝釋、四天王、閻羅天子等，但誦此咒，隨請必至，不敢前次，所有驅使，隨心皆得。此咒於南瞻部洲，有大勢力，移須彌山，竭大海水，咒乾枯木，能生華果；何況更能依法持誦，不轉肉身得大神足，往兜率天；若求長生，及諸仙藥，但依法誦咒，即得見觀世音菩薩，或金剛手菩薩，授與神仙妙藥，隨取食之，即成仙道，得延壽命，齊於日月，證菩薩位；若依法誦滿一百萬遍，便得往詣十方淨土，歷事諸佛，普聞妙法，得證菩提。

若欲成就壇法，不同諸部廣修供養、掘地香涇之所建立。但以一新鏡未曾用者，於佛像前，隨月十五日夜，面向東方，置鏡坐前，隨力莊嚴諸供養具，燒安息香，及淨水，然後結印在於心上，咒鏡一百八遍，以囊盛鏡，常將隨身。每欲念誦，但以鏡壇置於面前，結印誦咒。若不能逐日對鏡念誦，但於十齋日對鏡念誦，除十齋日外，不對鏡壇持誦亦得。（密藏之中，今此鏡壇，最為要妙，總攝一切諸壇，若無鏡者，但想一鏡在於面前持誦，淨諸惡趣經等，多說想成壇法持誦為上。或不能想得壇者，但只專注持咒，十齋日者，所謂一日、八日、十四日、十五日、十八日、二十三日、二十四日、二十八日、二十九日、三十日。）

此准提咒，一切諸佛菩薩等同說，獨部別行，總攝二十五部真言壇法，准梵本有十萬偈說文，龍樹菩薩以偈讚曰：「准提功德聚，寂靜心常誦，一切諸大難，無能侵是人，天上及人間，受福如佛等，遇此如意珠，定獲無等等。」（廣如諸准提經並持明藏龍樹儀說。又此準提，或名准泥，或名尊那等，但是梵音不同耳。）

大輪一字咒，即部林是也，亦名末法中一字心咒。此咒於末法時，法欲滅時，有大勢力，能於世間作大利益，能護如來一切法藏，能降伏一切八部之眾，能摧世間一切惡咒，是一切諸佛之頂，是文殊菩薩之心。能施一切眾生無畏，能與一切眾生快樂；凡有修持隨意得果，同如意珠，能滿一切之願。若誦此咒，於四方面五百驛內，諸惡鬼神皆自馳散，諸惡星曜及諸天魔不敢侵近；若持誦餘一切真言，恐不成就，即用此咒共餘真言一處同誦持之，決定成就。若不成就及無現驗，其咒神等，即當頭破七分，是知此咒，能助一切真言疾得成就，或別持此咒亦得。（廣如《文殊儀軌經》，末法中《一字心咒經》說。）

上來次第持誦至准提咒。若不能結得准提印者，但以左手作金剛拳印，右手持珠誦之。或不能從前淨法界真言等次第持誦者，只持准提神咒。更或根鈍不能具受此准提者，只唵字以下持之，唵字以上，是歸敬詞，唵字等是正咒也。

每持誦了，卻用右手作金剛拳印，口誦吽字真言，而印五處，先印額上，次印左肩，次印右肩，次印心上，後印喉上，印竟。頂上散之，能除一切魔障，成就一切勝事，或比至持課，先印五處亦得。又隨所住處，欲辟除鬼神，結金剛界，但誦准提真言，咒香水二十一遍，八方上下灑之，即成辟除結界。

又正持誦時，《准俱胝陀羅尼經》，《金剛頂經》，《五字陀羅尼頌》等，數本經教中說，隨根所樂亦有多種：

㈠**瑜伽持**：但想心月中布字，謂想自心如一月輪，湛然清淨，內外分明，以梵書唵字，安心月中，以折隸主隸准提娑婆訶字，從前右旋，次第周布輪緣，終而復始。

㈡**出入息持**：謂出入息中，想有真言梵字，息出字出，息入字入，字字朗然，如貫明珠，不得間斷。（或息出時，想自心月輪中，九聖梵字，字字連環，皆有五色光明，從自口中流入准提菩薩口中，右旋安布准提菩薩心月輪內。若息入時，想准提菩薩心月輪中字，亦字字連環，皆有五色光明，從准提菩薩口出，流入自口中，右旋安布心月輪內，如是終而復始，想之甚妙。）

㈢**金剛持**：脣齒不動，舌不至齶，但口中微動。

㈣**微聲持**：但令自耳聞之，不緩不急，字字須得分明稱之。

㈤**高聲持**：令他聞之滅罪，復有二種持誦，一無數持誦：謂不持珠定數，常無間斷持之。二有數持誦：謂掐數珠，每日須得限定其數，不得闕少。（若掐數珠，所獲功德，諸經廣讚，如《數珠功德經》說，若有人手持數珠，雖不念誦佛名及陀羅尼者，此人亦獲福無量。又《金剛頂念珠經》偈云，若安頂髻淨無間，由戴頂上滅四重，手持臂上除眾罪，能令行人速清淨。又《一字頂輪儀》說，若用嚂字真言，加持數珠七遍，用持課時，一遍或千遍。若掐數珠，至母珠卻迴，不得越過母珠。）每日依法持誦時，須限定其時分，若一時持，謂早晨；若二時持，並黃昏；若三時持，加正午。（若忙務者，不拘時分，但有暇時持之。）

若上根持，謂須得三密相應：一身密，結印。二語密，誦咒。三意密，或想真言梵字，或緣持誦之聲，或想准提菩薩，或想菩薩手中所執杵瓶華果等物。故《神變經疏》云：

若用三密為門，不須經歷劫數，具修諸行，只於此生滿足諸波羅蜜。

又正持誦未滿一百八遍，不得共人語話，若欲語話時，於自舌上，想一梵書嚂字，縱語話不成間斷。

問曰：「為當只持一道真言，功德成就，為復廣持多本真言，功德成就？」

答：有二門：一者隨根所樂門，謂根有多種好樂不同，或有樂持三道、五道、十道，乃至百道等，中間隨根所樂不同，皆得持誦。二者疾得成就門，謂欲求一切功德疾得成就，宜專持誦一道真言成時，一切真言功德皆悉成就。

故《文殊儀軌經》說：若欲一切功德成就，不得於別真言而起思想是也，如上雖有數道真言，皆是持誦准提真言之次第。

問曰：「既專誦一咒，疾得成就，何以多示准提真言，令人持誦？」

答云：「一為准提總含一切諸真言故，准提能含諸咒，諸咒不含准提，如大海能攝百川，百川不攝大海。（準提總含諸咒，如下所明。）二為准提壇法，人易成辦故，但以一新鏡未曾用者，便是壇法，不同餘咒，建辦壇法，須得揀選淨處香泥塗地，廣造佛像，多用供具，方能成就。（有財物者，廣造佛像，多辦供具，於佛像前，安置鏡壇，對之持誦更妙。）三為准提不揀染淨得持誦故，不問在家、出家、飲酒、食肉、有妻子等，皆持誦。不同餘咒，須要持戒，方得誦習，（今為俗流之輩，帶妻挾子，飲酒噉肉，是其常業，雖逢僧人教示，習性難以改革，若不用此大不思議咒法救脫，如是人等，何日得出生死。其有齋戒清淨依法持誦者，更為勝妙。故《准提經》云：何況更能結齋具戒，依法持誦，不轉空身，往第四天得入神足是也。）所以多示准提真言，令人持誦，若有樂持餘真言者，隨心皆得，勿要定執一途耳。」（雖專誦二咒，須先起圓信，信五部咒，皆是成佛之門，若受一缺餘，多成謗法也。）

又真言行者每日對鏡初欲持誦時，或只依前先想自身頂上，有一梵書嚂字，猶如明珠，然後持課。又《准大乘觀想曼拏羅經》，《持明藏成就儀軌經》，《尊勝佛頂修瑜伽法》等，數十本經教中說，或想自身頂上嚂字，變作三角火輪，從頂至足燒盡自身，遍周法界，唯見清淨。（縱有五無間罪，用此字燒身，亦皆除滅無遺。）

次，想一梵書阿字，生成自身。（謂阿字即體是無相法界，從無相法界生成行者之身。）

復想一暗字，在自頂門十字縫中。（謂暗字即體是十方諸佛光明法水，用灌佛子之頂，此是秘密灌頂法門。）

然後持誦，或想自心如一月輪圓滿清淨，於月輪中，有一梵書𑖌𑖼唵字，（如來因位，多年修道，不得菩提，後習此觀於初夜分便成正覺，謂唵字具含無量法門，是一切真言之母，一切如來，皆因觀想此字，而得成佛。）或心月輪中，想一𑖀阿字，（謂阿字是毗盧佛身，亦是法界亦是菩提心，若人想念，能生無量功德。）或心月輪中，想一𑖮𑖳𑖽吽字，（謂吽字總攝金剛部一切真言，是金剛部主身，亦是三解脫門，若常想念，能除一切罪障，成就一切功德。）或舌上想一𑖩𑖽嚂字，或𑖮𑖳𑖽吽字，想竟，然後持誦。

或想自身頸上出大蓮華，於蓮華上現出𑖀阿字，復想阿字變成月輪，又想月輪變成𑖮𑖳𑖽吽字，吽字變成五股金剛杵，又想此杵移於舌上，方得名為金剛舌，然後持誦。

（次於二手中，亦想阿字，阿字變成月輪，月輪變成吽字，吽字變為白色五股金剛杵，方得名為金剛手，然後結一切印。）

或想准提九聖梵字，每一一字，有種種光明，安自身分之中，所謂想唵字安頭上，折字安兩目，隸字安項頸，主字安於心，隸字安兩肩，准字安臍中，提字安兩腓，娑婆字安兩脛，訶字安兩足，想安布已，然後持誦。（《持明藏儀軌經》說，若於准提菩薩法中，求成就者，先觀准提菩薩根本微妙字輪，安自身分一一分明，是人先身所造一切罪業，悉得除滅，凡有所求，決定成就，安布九字，藏經數處說也。）觀想梵字，所有功德，廣如諸陀羅尼經中說之。（此上梵字觀門，若四威儀中常思之更妙，凡諸經中說想真言字者，皆是梵字，非是此方文字，故《一字頂輪王儀軌》云：所言觀諸字，唯瞻於梵字，非是隨方文，有大神用力。）

或有不能想得梵字者，但只專心持誦，亦具一切三昧，故《大悲心經》云：陀羅尼是禪定藏，百千三昧常現前故。若人緊切持誦時，或逢種種魔障，或忽然怕怖，或舌難持誦，或身心不安，或多瞋多睡，或見諸異相，或於咒反生疑心不欲持誦等云云。若對治者，應觀梵書𑖨囉字，或觀𑖨𑖽嚂字，或觀𑖀阿字等，但隨觀一字，彼境界自然消滅。若分別心多，當觀𑖭灑字，即成無分別。若著有心多，應觀含字，即因緣法本空也。（此上且約一途而說，若實言之，隨一字一切處皆得用之，謂一字實具一切字，一切功用，是一切諸佛菩薩也。）

問曰：「何以梵字皆有如是不思議神用？」

答：「謂每一一字，即體是諸佛菩薩身心故，又即體是離相法界故，又即體是教理行果故，所以有不思議神用。」（西天梵字，法爾本有，但世界初成時，梵王傳說，不同此方字是蒼頡等創製。）

若爾，應西天梵字，皆有不思議神用，何得偏說真言中字。

答：「謂真言中字，法爾諸佛不思議力加持故，法性如是故，偏有神用，如此方言語是一，唯急急如律令等語，咒火不燒，咒水不溺。蓋作咒語，偏有功用，非餘一切言語，皆有如是功用。西方字亦爾，字雖是一，謂作真言中字，偏有神用，非餘一切字，皆有如是神用也。」

問曰：「上說對壇結印誦咒等，豈不是有相耶？」

答云：「圓宗無障礙法界體上，本具無盡法門，禪宗無相法門，但是無盡門中之一門耳，今密宗壇法手印真言，即體便是無障礙法界也。」（如《華嚴經疏鈔》，十玄門中，託事顯法門，說金色世界，即是本性，彌勒樓閣，即是法門，勝熱婆羅門火聚刀山，即是般若無分別智等是也。今有人云：持咒結印對壇是滯相者，此乃只就禪宗中論之，即是離相外求於無相，古師指為外道見也，非是佛教之意耳。又《首楞嚴經疏》云，持誦神咒，能卻諸惡，能集眾善，愚蒙罔知斯旨，見持咒者，往往興謗，謂非修行，未有一佛不由神咒而得成道度眾生矣。請細覽之，以革斯弊。）

問曰：「上引古來諸師，皆云：咒是諸佛祕密之法，非因位所解。何卻如前解說阿字是毘盧佛身，吽字是三解脫門等耶？」

答云：准《賢首般若心經疏》，及《神變疏》并密藏諸陀羅尼經意，而有二門，一不可說門，謂咒是諸佛密法，佛佛相傳，不通他解，但當誦持，不須強釋。二強說門，謂真言中隨舉一字，或作人，或作法，橫豎該羅，自在解說，舉要而言，無盡法門，於一字中總解說盡，方是陀羅尼字義。就此言之，假使十方諸佛，經恒沙劫，共說真言一字中義，亦不能盡，何況餘人。說者尚難，豈況受者。所以且於一字中少分，或作人或作法而解說之；前說阿字是毘盧佛身，吽字是三解脫門等，即是強說中少分一途之義，餘處有文解釋真言字義句義，皆是此強說門中少分一途義耳。（若於真言一字中，或作三義五義十義，乃至百義等解釋，名少分義，若作一義解釋，名一途義耳。）上言唯佛所知，不通他解者，據密教本宗，不可說門言也。」（此不可說門，義當顯圓離言果海。此強說門，義當顯圓帶言因分。）

問曰：「或有眾生，欲除種種災障，或欲增長福慧，或欲祈證聖果等，為當只依前儀軌持誦耶？為復更別有方法耶？」

答曰：「但只依前儀軌持誦，凡有所求，決定成就。或有樂隨所求之事各別作法者，今與略示法式，准《千手千眼觀自在菩薩修行儀軌經》，《七俱胝大明陀羅尼經神變經疏》，及諸真言儀軌等說，有五種壇法，所謂息災法、增益法、敬愛法、降伏法、出世間法。」

若作息災法者：（為除惡業重罪煩惱等障，種種災難，官事口舌，鬼魅所著，惡星陵逼等。）行者面向北交腳豎膝而坐，像面向南，於准提像前，安置鏡壇。（更想一白色圓壇，於圓壇中，遍想𑖪嚩字或𑖪𑖽鑁字，尊像供具，并行者自身，俱想在圓壇之中，或於像前，只塗拭一圓壇亦得。）觀准提作白色，所獻華果飲食，並自身衣服，皆作白色，塗香用白檀，燒香用沈水，然酥燈以慈心相應。從月一日初夜時起首，至八月日滿，每日三時澡浴，三時換衣。至日滿時，或斷食，或食三白食。（三白食，謂乳酪、粳米飯、或粥，無力者，尊像供具衣服，但運心想之亦得，下準此知之。）若念誦時，前次第持誦，至准提咒誦一百八遍已，然後但從唵字誦之，妙言曰：

唵。折隸。主隸。准提。與某甲除災難。**娑婆訶。**（若為自己，於娑婆字上，稱自己名及所為事。若為他人，稱他人名及所為事。）

若作增益法者：（為求遷加官榮，增長壽命，及求福德聰明，眷屬勢力，錢財豐盛，穀麥成熟，及求伏藏寶珠，仙藥五通等。）行者面向東，跏趺而坐，像面向西，於准提像前，安置鏡壇。（更想一黃色方壇，於方壇中，遍想𑖀阿字，或𑖀𑖽暗字，尊像供具，並行者自身，俱想在方壇之中，或於像前，只塗拭一方亦得。）觀準提作黃色，所獻華果飲食，並自身衣服等，皆作黃色，塗香用白檀，加少鬱金，燒白檀香，然芝麻油燈，以喜悅心相應。從月九日日初出時起首，至十五日滿，每日準前三時澡浴換衣，至日滿時，準前斷食，及三白食。念誦如前，妙言曰：

唵。折隷。主隷。准提。與某甲所求如意。**娑婆訶。**

（稱名及所為事，例準前知。）

若作敬愛法者：（為求一切聖賢加護，天龍八部歡喜，及求說法辯才，言音清雅，聞者喜悅，及求一切人敬愛，知友親近，冤家和順等。）行者面向西，結賢坐，像面向東，於准提像前，安置鏡壇。（更想一赤色半月形壇，於半月壇中，遍想𑖮賀字，或𑖮𑖽含字，尊像供具，並行者自身，俱想在半月壇中。或於像前，只塗拭一半月形壇亦得。）觀准提作赤色，身著緋衣，所獻華果飲食，並自身衣服，盡皆赤色，塗香用鬱金，燒香以丁香蘇合香蜜和燒之，然諸果油燈，以喜怒心相應。從十六日後夜時起首，至二十三日滿，每日澡浴斷食念誦法，準前行，妙言曰：

唵。折隸。主隸。准提。令一切人敬愛某甲。**娑婆訶。**

（稱名及隨所為事，例準前知。）

若作降伏法者：（為降伏一切惡毒鬼神，及惡龍獸損害一切有情者。及調伏一切惡人，於國不忠，生反道心者。及滅三寶毀真言者。或與咒人作諸障難者。如是一切惡人，持咒行者，運大慈悲得作此法。若為自己所求，及有怨讐，作此法者，準諸經說，必定反招災禍，及反得盡世癡騃，學者知之。）行者面向南，作蹲踞坐左腳押右腳，像面向北，於准提像前，安置鏡壇。（更想一青色三角壇，於三角壇中，遍想𑖨囉字，或𑖨𑖽嚂字，尊像供具並行者自身，俱想在三角壇中，或於像前，只塗拭一三角壇亦得。）觀准提作青色，或黑色，著青黑衣，自身衣服，亦皆青色，獻青色華，臭華不香華，及曼陀羅華等。飲食用石榴汁染作黑色，或作青色，塗香用栢木，閼伽用牛尿，以黑色華及芥子栢木塗香等，各取少分置閼伽水，燒安息香，然芥子油燈，以忿怒心相應。從二十四日午時或夜半起首，至月盡日滿，每日澡浴斷食念誦法準前行。妙言曰：

吽。折隸。主隸。准提。吽發吒。（此是梵書發吒字，若惡人等身心不安，或得大病，或命欲終，即當勸彼令發善心；若是悔過自責永斷惡心者，即為彼人作息災法念誦，彼人即免災難。○此上是四種成就之法，若欲於此四種法中求成就者，須得預前持誦准提真言五十萬遍，或七十萬遍，或百萬

遍，而為先行，方於四種成就法中，隨心所欲，作一法時，決定成就。每見今時，或釋或儒，為利為名，終年親附，竟日趨參，用盡身心，罕有稱懷，無常來至，又生下劣之處；何如依諸佛之聖言，誦秘密之神咒，於上增益等法中，頻頻作之，所求之事，決定遂心，一切罪業，悉得消滅，無常來至，又生勝處，現在未來，俱獲利樂，豈不善哉！有斯鉅利，故佛說之。）

若作出世間法者：（為欲速滿福德智慧二種資糧，及頓圓十波羅蜜，超越三無數劫，今世祈剋聖界現前。）行者在於山間深谷，殊勝巖窟，清淨伽藍，運大悲心，常樂利樂無邊有情，同准提王菩薩，仗託無盡諸佛菩薩大悲願力助護；限四月四日，一期之內，阻絕人客，默斷語言，三密相應，心無間斷，行者面向東，（餘方亦得，就中向東最吉。或全跏坐，或半跏坐，或隨意坐俱得。）像面向西，於准提像前，安置鏡壇。（行者頂上想嚂字，變成火輪，燒盡自己有漏之身。復想大蓮華上有阿字，生成無漏智身。更想暗字灌頂已，又想嚂字變成大火，燒此有為世界，如同劫火，燒盡無遺，但有空寂。復想建立無為之壇，於最下方，遍想欠字雜色而為空輪，於空輪上，遍想含字黑色變成風輪，風輪上，遍想嚂字赤色變成火輪，火輪上，遍想鍐字，白色變成水輪，水輪上，遍想阿字黃色變成金剛地，於金剛地上，遍想有大蓮華，一一蓮華上，皆有准提菩薩，無量聖眾圍遶。一一准提前，皆有行者自身，一一身，各出無量華果飲食幢旛等諸供養具，而為供養。又皆對准提鏡壇，三密相應。又行者若無准提像，並華果飲食等供具，但作此觀，亦得吉祥成就。）一心諦想准提菩薩具無盡相好光明，於菩薩心月輪中，想有九聖字壇；行者想自心月輪中，亦有九字壇。並自身分中，想布九聖之字。（心月輪並身分布字，如前已說。）所獻華果飲食香燭等。於上息災、增益、敬愛三法之中，所說物色，皆得用之。行者衣服，但一切新淨者，皆得作法，就中黃衣最吉，又行者不須苦節勞形，恐心神散亂，於行住坐臥四威儀中，皆得三密修習，於見聞覺知，唯觀𑖀阿字（於一真清淨法界，亦常作觀行。）依前次第軌儀持誦，至准提真言，從頭無記無數，專精念誦，勤策身心，不令懈怠。欲近成就時，必有種種障起，應作降伏息災等法，隨行者根性差別，於其中間，必獲三昧現前，即於定中見無數佛會，聞妙法音，證得十地菩薩之位。（此一種法，唯求出世間，若欲於此法中，求成就者，須得預前持誦准提真言五百萬遍，或七百萬遍，或千萬遍，而為先行，方作此法，定有靈驗。）

二、驗成行相

謂《准泥陀羅尼經》，《金剛頂經》，《蘇悉地》等，共十餘本經，皆說真言行者，用功持誦，或夢見諸佛菩薩聖僧天女，或夢見自身騰空自在，或渡大海，或浮江河，或上樓臺高樹，或登白山，或乘師子白馬白象，或夢見好華果，或夢見著黃衣白衣沙門，或喫白物吐黑物，或呑日月等，即是無始罪滅之相，或正持誦時，見諸黏光明，或見空中遍地奇特之華，或見諸佛菩薩聖僧天仙等，或見諸佛淨土，或自遊佛國親承供養，或暫時聞經於多劫，或見燈光高一二尺，乃至一丈，或無火爐中自有煙起，或見佛像旛蓋自動，或聞諸佛菩薩種種美聲，或覺自身巍巍高大，或齒落重生，或髮白返黑，或身潤白不生蚤虱，或貪嗔癡心自然消滅，或總持不忘，一字能演多義，或智慧頓生，自然通曉一切經律論，或一切三昧法門自然現前，或福德頓高，四眾歸仰等云云。

（此上所說是經文，今有閑僧儒士，汎參禪理者，厥見相以為妖異，此則非但毀謗最上乘教，亦是捨相取性之邪見也，不知其相，本來是性耳。）若逢如上之事，但是福慧增長，近成就相。莫生疑惑之心，勿起取捨之念。應觀所逢境界，皆是𑖀阿字或𑖨𑖽嚂字等。（或想皆如夢幻，或想皆是法界一心。）

若得如是應驗，更須策發三業，加功誦持，不得宣說咒中境界，衒賣與人，唯同道者，不為名利敬讚，方得說之。

若成就時，而有九品：

初下三品者，若下品成就，能攝伏一切四眾，凡有所求，舉意從心，一切天龍而來問訊，又能伏一切蟲獸及鬼魅等。中品成就，能驅使一切天龍八部，能開一切伏藏，或要入脩羅宮龍宮，便得入之。去住隨心。上品成就，便得仙道，乘空往來。天上天下，而得自在。世出世事，無不通達。

中三品者，若下品成就，便得諸咒仙中為王，住壽無數歲，福德智慧，三界無比。中品成就，便得神通，往餘世界，為轉輪王，住壽一劫。上品成就，現證初地已上菩薩之位。

上三品者，若下品成就，得至五地已上菩薩之位。中品成就，得至八地已上菩薩之位。上品成就，三密變成三身，只於此生得證無上菩提之果。此是持咒人九品成就，若直求成佛，不須求下三品等成就。

若准《神變疏》，有五品成就，一現至信位，二至初地，三至四地，四至八地，五至成佛，此局當經，今通依諸經，故說有九品，謂准提真言，總含諸部神咒。

問曰：「云何得知准提總含諸部神咒？」

答：「謂一藏經中，神咒不出二十五部，一佛部，謂諸佛咒。二蓮華部，謂諸菩薩咒。三金剛部，謂諸金剛神咒。四寶部，謂諸天咒。五羯磨部，謂諸鬼神咒。此五部，每部復各有五，即成二十五部，今准提總攝二十五部。故《准提經》云：獨部別行，總攝二十五部。」

又云：「若欲召二十五部天魔等，專誦此咒，隨請必至。」

又云：「五部金剛四天王，共結總持三昧界。」

又《大教王經》云：七俱胝如來三身讚說准提菩薩真言，能度一切賢聖。若人持誦，一切所求悉得成就，不久證得大准提果。是知准提真言，密藏之中最為第一，是真言之母，神咒之王。」（准提真言，既總攝二十五部真言，准提鏡壇，亦總攝二十五部壇法。謂二十五部中壇法，或用形像印法梵字等各各不同，今准提鏡壇，總攝此一切諸壇法也，故《准提經》云：總攝二十五部大曼荼羅。梵語曼荼羅，此云壇也。是知鏡壇最尊最上，能滅一切魔障，能生一切功德，眼見身戴，皆獲利樂。故昔人云：壇者生也，出生無盡功德故。

壇者集也，無邊聖賢集會之處；如方珠勺月水出，圓鏡對日火生，磁石引針，琥珀拾芥，尚有難測功用，況諸佛不思議壇法耶！今有寡見聞者，迷於密教，見用鏡壇，卻生毀謗。然三世如來，未有一佛不依壇法而得成道度眾生也，幸廣見聞，速改斯謬。）

〔典籍篇〕

《佛說七俱胝佛母准提大明陀羅尼經》（節錄）

唐天竺三藏金剛智　譯

如是我聞：一時，薄伽梵在名稱大城祇樹給孤獨園。爾時，世尊思惟觀察，愍念未來諸眾生故，說過去七俱胝准提如來等佛母准提陀羅尼，乃至我今同說，即說大明曰：

娜麼颯哆南　三藐三勃陀俱胝南　怛姪他　唵　折隸主隸　准提　莎嚩訶

○若有苾芻、苾芻尼、鄔波索迦、鄔波斯迦，受持讀誦此陀羅尼滿九十萬遍，無量劫來五無間等一切諸罪，悉滅無餘。所在生處，皆得值遇諸佛菩薩。所有資具，隨意充足，無量百生，常得出家。

○若是在家菩薩，修持戒行，堅固不退，速得成就無上菩提，恒生天上，常為諸天之所愛敬，亦常守護。若下生人間，當為帝王家子，或貴族家生，其家無有災橫、病苦之所惱害。不墮三惡道趣，諸有所作，無不諧偶，所出言教，人皆信受。

誦此陀羅尼滿十萬遍者，得見聲聞緣覺菩薩諸佛。若有重罪不得見者，更誦滿十萬遍，即境界中吐出黑飯，或見昇於宮殿，或登白山及上樹，或見大池旋水，或騰空自在，或見天女與妙言辭，或見大集會中聽說妙法，或見拔髮，自身剃頭，或喫酪飯，飲白甘露，或渡大海，或浮大河，或昇師子座，或見菩提樹，或上船，或見沙門，或著白衣黃衣以衣籠覆頭，或見日月或見童男女，或見自身上有乳樹，或昇花果樹，或見黑丈夫口中吐出火焰怖走而去，或見惡馬水牛狀似相鬥退失而走，或見自食乳粥，或見有香氣白花，若見如上相者，即知罪滅。

若有五逆罪業重，不得見如上相者，應當更誦滿七十萬遍，決定得見如前相貌。

○復次，我今說此陀羅尼功德所作之事，若於佛像前，或於塔前，若清淨處，以瞿摩夷塗地，而作四肘方曼荼羅。

復以花香、幡蓋、飲食、燈明、燭火，隨力所辦，依法供養。若欲求願，先須念誦，加持香水散於八方上下結界。既結界已，於曼荼羅四角及其中央，皆各置一香水之瓶。行者於西，面向東方，胡跪念誦一千八十遍，其香水瓶即便自轉，隨意東西任以高下。

○或以淨瓦鉢，燒香熏之，內外塗香，盛滿香水，并好香花，置曼荼羅中，依前瓶法而作念誦，其鉢則轉與瓶無異。

○若欲得知一切成就不成就事，即燒香發願，啟白聖者，願決疑心，若右轉即知成就，左即不成就。

○又取好花，念誦一百八遍，遣一童子洗浴清淨，著新淨衣，以香末塗手，捧花掩面。復以自手更取別花，念誦一遍，一擲童子身上，童子即問，善惡皆說，隨意舞笑，起坐來去。

○或於淨潔鏡面，以好花，念誦一百八遍，散置鏡上，使者即現鏡中。

○復以前法更取好花，散鏡面上，即有善惡相自現鏡中，或以朱砂，或以香油，塗大拇指甲（其香油以穌摩那花浸胡麻油中是），念誦一百八遍，即現天神及僧菩薩佛等形像。若心有所疑，三世中事，一一請問，皆知善不善，即大拇指上皆自現。

○若人卒得惡病，以石榴枝，白茅香草等，念誦鞭拂之，即愈。

○或以茅草置酥中，念誦七遍，擲著火中，燒之，令煙熏病人，即除愈。

○或取童女所槎之線，念誦一遍作一結，如是滿二十一結，與病人小男女等項上繫著，惡魔、鬼魅等病，皆得除瘥。

○或以白芥子置酥中，取芥子少許，念誦一遍，一擲火中，如是二十一度，病即除愈。

○又以瞿摩夷塗地作曼荼羅，以炭畫地作彼形，石榴等杖鞭之，彼鬼啼泣求自走去，不敢更來。或以銅賓鐵木等作金剛杵，置病人邊念誦，以杖打，亦即奔走。

○復有一法，若有人被鬼所著，復身在遠處，不能自來，或行者不能自去，應取楊枝念誦一百八遍，遣人將去彼云：汝住！汝去！某乙遣將此杖鞭汝，汝若不去，損汝無疑，若不去，鞭之即去。

○復有一法，若在路夜行，念誦不闕，無有賊盜，及虎狼惡魅鬼等怖畏難處，持心念誦，並作護身，彼等諸難，即皆自滅。或發菩提心，或生怖畏，或有言說，心求免離，若被執縛，即自解脫。

○若欲渡江河大海，水中所有龍黿等畏，念誦亦如前法，即得不怖。

○或被蛇咬，即遣彼人，圍繞念誦人數匝，即愈。

○或患疔瘡、癰節、癬漏，取熏陸香、淨土水相和，念誦二十一遍，塗上，即愈。

○或復國土水旱不調，牛馬畜等疫毒流行，應以油麻、大麥、粳米、粟豆、酥蜜、乳酪、白乳木、諸雜香等，皆置一邊，燒香發願，為一切眾生除去災難，即作手契護身想念，取前諸物，念誦加持，擲著火中，燒之。如是七日，日別三時作法，時別一千八十遍，即得滿願。一切安樂，一切三寶，悉皆護助，亦能成就一切大願。

○若欲降伏諸大鬼神見即心伏，取舍利骨七粒，於白琉璃碗中盛著，取醍醐半升亦盛著碗中。於白月十五日夜，香臺前及窣堵波塔前，泥一二肘方曼荼羅，置椀於中，取好花供養。西面著一香鑪，燒安悉香，駁駁念誦。其椀中舍利當放光，或生出舍利，時行者持香爐，發願禮拜，即出取舍利盡，飲取醍醐。其舍利盛一琉璃瓶中，以五色綵囊盛之頭戴，即無量俱胝佛常逐行者，諸鬼神等自然降伏，作法時，一日一夜不食。若求富饒，以粳米、油麻、置酥酪中，手把少許，發願念誦七遍，擲著火中燒之。隨力七日乃至七七日，即如其願。

○若求子，於樺皮葉上，書此陀羅尼，並畫童子，以紫綵裹之，念誦一千八十遍，安著髻中，即孕。

○若欲他敬念者，稱彼前人名字，念誦本部一千八十遍，即得敬念。

○若夫不樂婦，取淨瓶盛滿香水，別置淨處，以瞿摩夷塗作曼荼羅，念誦一百八遍。如是七瓶皆作此法，於淨處以香花為道場，取瓶內香水洗浴，夫即愛樂，亦得有孕。婦不樂夫，亦如前法。

○若欲降伏捨覩嚧，取一劫波羅，香湯淨洗浴，取黃丹和酥，塗著劫波羅上，使遍，塗一小曼荼羅置中。然五盞酥燈，布於四角並中心。稱前那摩，念誦一稱一誦，加持白芥子，曼荼羅上，著一盞乳，供養此劫波羅。一易云：為我取彼質多來，彼即質多褥佉。欲母馱，彼捨覩嚧即伏。實莫令盡，盡即累劫障道。

○若欲求聰明，取石菖蒲、牛黃各半兩，擣作末，以酥和，於佛前作曼荼羅，念誦五千遍，服之，即得聰明若。

○欲得見一切鬼神，取牛黃念誦，令煙火出，即塗目並服之，即見。

復有一法，於大海邊或河渚間，沙灘之上，以塔形像印，印砂灘上，為塔形像，念誦一遍，印成一塔，如是數滿六十萬遍，即得覩見聖者觀自在菩薩之像，或見多羅菩薩、金剛藏菩薩，隨其心願，皆得滿足。或見授與仙神妙藥，或見授與菩提之記，或現前問來，隨乞願皆得菩薩等位。

○復有一法，右繞菩提樹像，行道念誦滿一百萬遍，即見佛菩薩羅漢為其說法，意欲隨菩薩，即得隨從，所求如願。乃至現身成大呪仙，即得往詣十方淨土，歷事諸佛，得聞妙法。

○復有一法，若乞食時，常持此陀羅尼，不為惡人、惡狗等類之所侵害，乞食易得。

○復有一法，若在塔前、或佛像前，或舍利塔前，誦持此陀羅尼三十萬遍。復於白月一日至十五日，設大供養，一日一夜不食。正念誦時，得見金剛藏菩薩，即將是人往自宮中。

○復有一法，若有王難被繫閉、枷鎖禁其身者，誦此陀羅尼，即得解脫。

○復有一法，若於轉法輪塔前，或佛生處塔前，或佛從忉利天下寶階塔前，或舍利塔前，於如是等諸塔之前，念誦右繞，滿七七日，即見阿鉢羅是多菩薩及呵利底菩薩。隨其所願，皆悉滿足。若須仙藥，即便授與，復為說法，示菩提道。

〇若有誦此陀羅尼者，乃至未坐道場，一切菩薩為其勝友。

〇又此准提大明陀羅尼，諸佛菩薩所說，為利益一切眾生無邊菩提道場故。若有薄福眾生無有少善根者，無有根器之者，無有菩提分者，是人若得聞此准提大明陀羅尼，若讀一遍，即得菩提分根器芽生。何況誦持常不懈廢，由此善根速成佛種，無量功德皆悉成就，無量眾生，遠離塵垢，決定成就阿耨菩提。

《七佛俱胝佛母心大准提陀羅尼法》

唐・善無畏奉　詔譯

獨部別行

那麼颯哆喃　三藐三勃佗俱胝喃　怛姪也他　唵　折戾主戾　准提　娑嚩訶

總攝二十五部大曼荼羅尼印：以二手無名指、小指相叉於內，二中指直豎相拄，二頭指屈附二中指第一節，二拇指捻左右手無名指中節。若有召請，二頭指來去。

佛言：此呪印能滅十惡五逆一切重罪，成就一切白法，具戒清潔，速得菩提。若在家人，縱不斷酒肉妻子，但依我法，無不成就。

佛言：若求成就，先依壇法，不同諸部廣修供養，掘地香泥塗之所建立，以一面淨鏡未曾用者，於佛像前，月十五日夜，隨力供養，燒安悉香及清淨水。先當靜心，無所思惟，然後結印誦呪。呪鏡一百八遍，以囊匣盛鏡，常得將隨身，後欲念誦，但以此鏡，置於面前，結印誦呪，依鏡為壇，即得成就。

佛言：欲持此呪，於十五日夜，清淨澡浴，著新淨衣，面向東方，半跏正坐，置鏡在前，隨有香華、清淨水諸物。先當靜心絕思，然後結印，印於心上，誦此呪一百八遍。誦此呪時，能使短命眾生還得增壽。加摩羅疾尚得除差，何況餘病，若不消差，無有是處。

佛言：若人一心靜思，誦滿二十萬遍，四十、六十萬遍，世出世法，無不稱遂。

佛言：若在家人，平旦清水漱口，未葷血時，面向東方，對鏡結印，誦呪一百八遍。如是不斷四十九日。有吉祥事，准提菩薩令二聖者，常隨其人，心有所念，皆於耳邊一一具說。

佛言：短命多病眾生，月十五日夜，燒安悉香，誦呪，結印一百八遍，魔鬼、失心、野狐、惡病。皆於鏡中現其本身，殺放隨意，更再不來，增壽無量。

佛言：若人無福德相，求官不遷，對鏡常誦此呪，福德官當能稱遂。

佛言：若人欲有所作，先當思惟准提聖者，正念此呪，具滿七遍，端身，少頃，其身自然搖動，即知能遂及以吉慶。若身剛強向前向後，即知不遂，必有災難。

佛言：欲知此法成不成，依法誦呪，具滿七日，便於夢中見佛菩薩及以華果，口吐黑物後喫白物，即知成就。

佛言：此陀羅尼有大勢力，至心誦持，必當自證，能令枯樹生華，何況世間果報。若常誦持，水、火、刀兵、怨家、毒藥，皆不能害。

若卒為鬼神傷死，結印誦呪七遍，以印印心，皆令却活。舍宅不安，鬼神作禍，呪土四塊，鎮之即去。

佛言：若人六親不和，不相愛念，依法誦呪，所向和合，聞名見身，皆生歡喜，凡所求無不遂心。況能結齊具戒，一心清淨，依法誦持，不轉此身，即證菩提，有大功力。

佛言：若人欲長生，於古塔及深山中，或淨房內，依鏡為壇，具滿二、四、六十萬遍，青蓮華和安悉香燒，於睡夢中，夢食仙藥，或授仙方，或於鏡中，有五色光，光中有藥，隨意取食，即得長生。

佛言：若依法誦持，一心精勤，功力說不可盡。此壇鏡法，不得人見，若見即不好不成，畢，須密之，此法不可說，自當證知。隨意所求，速得成就，受勝妙樂。

《七佛俱胝佛母心大準提陀羅尼法》

《七俱胝獨部法》

唐・善無畏　譯

總攝二十五部大漫荼羅印，以二手無名指、小指，相叉於內，二中指直豎相拄，二頭指附二中指第一節，二大拇指捻左右手無名指中節。若有召請，二頭指來去。佛言此呪及印能滅十惡、五逆一切重罪，成就一切白法功德。作此法不簡在家出家，若在家人飲酒、食肉、有妻子，不簡淨穢，但依我法，無不成就。第一壇法，第二念誦法，第三成驗法，第四廣明自在法，第五天得大神足。

第一壇法

佛言若求成就，先作壇法，不同諸部廣修供養。掘地作壇，香泥塗之所建立，但以一新淨境未曾用者，於佛像前，月十五日夜，隨力供養，燒安悉香及清淨水，先當靜心無所思惟，然後結印誦呪。呪鏡一百八遍，以囊匣盛鏡，常持相隨。欲誦時，但將此鏡置於面前，結印誦呪，依鏡為壇，即得成就。

第二念誦法

佛言欲持此法，於十五日夜，清淨沐浴，著新淨衣，面向東方，半跏正坐，置鏡在前，隨力香華，清淨水諸物。先當靜心絕思，然後結印，印於心上，誦此呪一百八遍。持此呪時，能使短命者長命，加摩羅病尚得除差，何況餘病，若不消差，無有是處。每月一日、八日、十四日、十五日、十八日、二十三日、二十四日、二十八日、二十九日、三十日如是十日，每於平明，清水嗽口，面向東方，誦此呪一百八遍，然後飲食。縱有妻子，不斷辛肉，亦當成驗。

第三成驗法

每月十八日，以鏡及以結印念誦。除十齊日，不須對鏡及以結印。但於平朝，未辛肉時，誦持此呪一百八遍已。是不絕四十九日，每有善惡，吉祥災變，準提菩薩令二聖者隨其人。所有善惡心之事呪七遍，洗面灑身，心想作歡喜想，能令國王大臣長者生恭敬心，是即歡喜，如臣敬君，如父愛子心，隨其所欲，乃至身命，皆無所惜，悉得成就。若有短命，長病眾生，月十五日夜曉，燒安悉香，誦此真言一千遍，魔鬼失心狂走，狐擒、惡鬼皆於鏡中見形，教殺即殺，教放即放，更不再來，增壽無量。

若復有人無福無相，求官無遷，貧苦所逼，每十齋日，常誦此呪，能令現世得轉輪王位，所求官克當稱遂。若人欲行及欲作事，先當思惟準提聖者，心念此呪具滿七遍，若可營為端身少頃，其身自然搖動，即知克遂及以吉慶。若身剛強向前向後，即知不遂，必有災難。若欲召四天王、梵王、帝釋，二十八部天波旬等，對鏡結印，頭指來去，於清淨處，高聲誦二十一遍，賢聖、閻羅王、鬼眾，隨情必至，不敢前却，所有驅使，隨情皆得。若欲知此法成與不成，具滿七遍，依法誦呪，夢中見佛菩薩及以華果，口吐黑物，復吃白物，即知成就。

第四廣明自在法

佛言：此陀羅尼有大勢力，移須彌山及大海水，呪乾枯木能生華果，若常誦持，水不能溺，火不能燒，毒藥、刀兵、怨病皆不能害。若知地中有寶藏物，結印誦呪具滿七遍，地中伏藏，自然湧出，隨意所欲，皆得充足。軍陳賊難，結印印指之，隨所皆悉退散。若有卒為鬼神傷死。結印誦呪七遍。以印印心，卒死重病，即令却活。宅舍不安，鬼神作禍，呪土四塊，鎮之即去。若又有人六親不和，人不愛念，依法誦呪，所向和合，聞名見身，皆生歡喜，欲不捨離。猛火之中，以印指火，火即消滅。以印指水，波浪皆靜。凡所求願，無不稱遂，何況更能結印，齋戒，依法持誦，不轉肉身，往四方淨土。

第五天得大神足

若求長生及敕諸仙，取其仙藥，於古塔前及深山中，或淨房內，依鏡為壇，具滿七日或三七日，燒青蓮華和安悉香，於初夜分，誦呪一百八遍，即當睡眠。或於夢中食仙藥，或攝方法，或於鏡前面有五色光，光中有藥，隨意食之，即成仙道。諸餘功力，百千萬億，說不能盡。

準提別法

先以左手頭指、無名指、小指，三指在於掌中，以大拇指捻頭指、無名指、小指甲上，右手亦然，相合二中指頭相拄，誦呪。

結界印：左右二手中指、無名指、向內相叉，二小指直豎，二頭指相拄，二手大指各捻頭指中節，誦呪。

護身印：二手合掌，二頭指向外相叉，大指並捻頭指中節上，中指已下三指直豎合，若逢盜賊，將印頂戴。先印左肩、次印右、印心前、印頭下、印眉間、此不敢侵。

治病印：二頭指、二中指、四指向內相叉，二無名指、二小指、四指向外相拄合掌，二大指並捻頭指中節。

總攝印：左右小指，無名指叉入掌中，二中指直豎頭相合，開著二頭指少屈，二大拇指壓無名指，召請時，頭指來去，似華臺坐，誦呪呪七遍，用印處兩膊、咽喉下、眉間、髮際，復即此印當心誦呪，一百八遍。

破天魔印：左右手四指壓大拇指內掌中，急把拳擬之即是，所有恐怖處，疑有鬼魅毒龍，即作此印，瞋聲誦呪。

請鬼神印：右手中指壓大拇指按壇，以上餘指皆舒如牙似，微曲頭指，小指來去，誦呪七遍，第三遍一切鬼神即來。

右七俱胝獨部軌，昔有律師見略題之本，言不簡在家、出家、飲酒、食肉、有妻子、不簡淨穢，謬讀文以為偽文，天明中沙門亮雄者辨其謬，以具題之本為正本。其略題之本為草稿未治。沙門慧亮者，印施具題之本行世，以予視之非矣。賴瑜《薄草決》，《祕鈔問答》等，引用此軌，今歲集洛北清和院，洛東智積院，河州延命寺等所藏眾本，當山愛染院大宣等挍合，予亦訂正，以兩本俱印版，于時享和改元辛酉年仲秋月，豐山妙音輪下總持院，快道　誌

〔轉載〕

準提菩薩修持法

洪啟嵩

簡介

準提菩薩的梵文為 Cundī，在漢譯中有準提觀音、準提佛母、尊那佛母及七俱胝佛母等不同名稱，是一位極受崇仰的菩薩。

準提菩薩的功德廣大、感應至深，在中國佛教徒的心目中，他對於崇奉者，總是展現著深摯的關懷。所以他的真言，不僅為密教徒所熟悉，並且也成為顯教徒日常課誦的密咒了。

準提菩薩的形象，一般以三目十八臂最為普遍。但是依據《準提大明陀羅尼經》所說：「若求不二法門者，應觀兩臂。若求四無量，當觀四臂。若求六通，當觀六臂。若求八聖道，當觀八臂。若求十波羅蜜圓滿十地者，應觀十臂。若求如來普遍廣地者，應觀十二臂。若求十八不共法者，應觀十八臂。即如畫像法觀也。若求三十二相，當觀三十二臂。若求八萬四千法門者，應觀八十四臂。」

經由以上的說法，我們可以理解，準提觀音的尊形，會隨著不同的因緣，而起變化。當我們依著不同的緣起，而起勝觀時，可以由此而滿足不同的祈願。由這裡我們也可以了知準提觀音的廣大福德，而他能滿足各類眾生不同願求的悲心，也令我們景仰。

供奉準提觀音以十八臂三目為主。在十八臂中，每一隻手臂則各有不同的持物。一般佛教徒在見到準提菩薩的尊像後，往往會將之與千手千眼觀音混同，實際上這兩者是有差別的。千手觀音除了千手具足的尊像外，有時也會簡化為四十臂的尊像，但兩者的手臂數目還是不同。而且千手觀音手持的法器與準提菩薩也不一樣。

準提菩薩的密號為最勝金剛，在密教中列為六道觀音之一。而六道觀音是觀世音菩薩為了救度六道眾生，所示現的意化身形。其中化度天道者為如意輪觀音；準提菩薩則主司人道的救濟；十一面觀音救度修羅道；馬頭觀音救度畜生道；聖觀音救度餓鬼道；而千手觀音則以救度地獄道為主。

雖然六觀音是觀音菩薩分入六道，以化現濟度眾生的應化身，但是我們千萬不要以為他們只有單一的功能，如果認為準提觀音只是濟度人道眾生而已，其實，他依然能於六道之間廣弘，以救度一切眾生。

準提觀音的福德智慧無量。而於《準提陀羅尼經》所載，佛陀為了悲念未來的薄福惡業眾生，所以入於準提三摩地，宣說過去七俱胝（千萬）佛所說的準提咒。而準提咒的修學並沒有限制，是不分任何身分者，都可以修學誦持的，依此也可見到這位菩薩的慈悲。

經中說若是誦持此咒，則能生起菩提分的根芽，決定能成就無上菩提。持誦者亦可祈求聰明、辯論勝利、夫婦敬愛、使他人敬愛、求兒、延命、治病、滅罪、降雨、脫離拘禁、離惡鬼惡賊之難…等種種的願望。所有世、出世間的祈願無不滿足。

無上智準提三昧行法

一、法門緣起

依彼無有量　大悲智發心

七七俱胝佛　共宣密咒音
南無颯哆喃　三藐三勃陀　俱胝南　怛姪他
唵　折隸　主隸　準提　莎訶

二、皈命

敬禮體性大悲海　法界七七俱胝佛
剎那總持大日現　準提金剛大佛母
法爾現空法性悲　理事雙運遍照界
無上智頂勝利佛　寂滅功德無所得
皈命持明金剛法　一音密咒義無量
總持密用隨類解　觀誦無明即佛智

圓頓會心本來佛　無修寂靜三昧佛
無行可證法住佛　無果可得涅槃佛
勝法常觀觀自在　天人丈夫金剛果
稽首清淨金剛王　持明密主勝海會
廣大無邊華藏界　寂滅行中會本然
無間持明遍咒身　心風體性不離初
三密現成入我入　佛海相映摩尼樹

三、說法緣起

悲欣湧現佛子心　尊那住頂祈說法
我即密主大瑜伽　不二相應勝總持

能示如實大密相　金剛遍照持明王
天人丈夫施無畏　無別三密而演說
歡喜歡喜遍歡喜　大樂現空密咒海
法界現前自流轉　安住吉祥三摩地

四、體性

秘密法界真如體　三密勝用難思議
一切法中最上乘　教海法藏現等持
諸佛大悲總集性　三世佛母佛祖母
清淨法海自顯現　六度萬行自具足
決定成就無上智　諸佛果體無謬示

南無七七俱胝佛　勝利準提大佛母

五、善巧修習

(一)調身、息、心

行者安住金剛座　手結三昧印等持
七支等鬆無實質　節節相拄如串珠
善調息相妙智氣　證定淨心極平等

(二)淨法界三昧

過未現在等無住　三世心念不可得
清淨體性頂觀囕　光明如月法界光
焰火現燒一切障　遍照光明身法界

遍持法界體性火　三業障銷成三密
頂髻明珠同法界　嗡囕（oṁ raṁ）淨持二十一

㈢護身三昧

真實佛心文殊語　遍護法界成勝事
滅除一切災障苦　罪業魔災現銷融
嗡嚙臨（oṁ srhyim）淨持廿一　一切所願得成滿

㈣清淨三業

蓮華合掌淨三業　體性清淨本無染
現成法界圓頓淨　方便生起誦密明
額肩右左心及喉　內外密體成清淨
清淨三業真言：

唵　婆縛婆縛秫馱　薩縛達磨　婆縛婆縛

oṁ svābhāva-śuddhā sarva-dharama svābhava

秫度憾

śuddhāṁ

㈤發菩提心

真實發心金剛掌　體性無壞住本然

誰爾非佛真菩提　豁然時空心識滅

圓頓性體初中後　無上菩提如月輪

清涼澄澈摩尼寶　自然現住不退轉

始悟準提大悲心　金剛佛母智圓滿

【發菩提心真言】

唵　冒地質多　母坦波娜野弭

oṁ bodhi-cittam utpādyāmi

㈥三昧耶戒

諸佛平等誓句戒　甚深秘密三昧耶
究竟菩提心憶起　現前全佛圓戒體
因果不二不可失　入我我入不可分
現成準提大佛母　誰人不知當深懺
海印寂靜遍照光　金剛定住三昧耶

【三昧耶戒真言】

唵　三昧耶　薩坦鑁

oṁ samaya stvam

㈦五大願

五智如來五大體　法界自體金剛體
體性光明圓頓現　無分別中光明藏
次第子母光明會　大悲實相現本然
本覺善發五大願　眾生無邊誓願度
福智無邊誓願集　法門無邊誓願學
如來無邊誓願事　菩提無上誓願證
始覺相會現成佛　自他法界同利益

㈧六字大明（百八遍）

依此秘密六字明　七七俱胝佛同現
共宣準提大真言　實相體中我禮敬

嗡　嘛呢　叭彌　吽

oṁ mani padme hūṃ

㈨結印、誦本尊真言（百八遍）

秘密體性寂靜印　雙手內叉中指豎
頭指屈附中指節　姆指相捻併於前
準提真言法性生　圓頓中脈大悲出
音如清淨摩尼鬘　無始無終住本如
善巧旋繞虹光顯　明空同住大智幢

南無　颯多喃　三藐三菩馱　俱胝喃

namaḥ saptānāṃ-samyaksaṃbuddha-koṭīnāṃ

怛姪他　唵　折隸　主隸　準提　娑婆訶

tadyathā oṃ cale cule cunde svāhā

【一字金輪真言】

唵部林

oṁ bhrum

㈩九字義

唵字諸法本不生　折字諸法本無行
隸字無得亦無相　主字無起亦無住
隸字遠離垢淨染　準字無等等大覺
提字無取無有捨　娑婆平等無言說
訶字無因大涅槃　法界真如三摩地

(十一)成就壇法

淨鏡明空本來面　隨力供養體性尊
鏡花香水印前契　準提密言百八圓
鏡壇成就隨本尊　入我我入如意寶

(十二)法界灌

頂嚴吉祥住嚂𑖨𑖽字　現成明空摩尼寶
幻化三角火生輪　自頂遍燒盡足下
法界遍燒惟清淨　無生阿𑖀字自顯現
吉祥明空法自身　三角生法密火宮
大樂空圓體性月　暗𑖀𑖽 aṃ 字光明赤裸現
頂髻羯摩金剛縫　法界清淨光明水
無間祕密大灌頂　受用悲智自圓滿

(十三)心月梵字輪

端身定意自澄心　胸臆法界體月輪
性淨悲智赤裸現　圓明遍照自空明
廣大精進圓頓中　現前無初本然心
體性清淨無前後　明月輪中現唵𑖌𑖼字
八字右旋極喜樂　般若波羅蜜相應

(十四)布字法

相本契印成本尊　吉祥大印唵𑖌𑖼字頂
空色淨月無量光　現滅除障摩智頂
折𑖓字雙目明日月　慧眼明發照愚暗
隷𑖩𑖸字青頸紺琉璃　能顯眾色具佛智

主𑖓𑖲字心輪皎素明　如心清淨證菩提
隸𑖩𑖸字兩肩如真金　善披精進大誓鎧
準𑖓𑖲𑖽字臍中妙黃白　速登道場無退轉
提𑖟𑖸字兩髀色淨黃　安坐金剛大菩提
娑婆𑖭𑖿𑖪𑖯兩脛赤黃遍　能轉法輪力速疾
訶𑖮𑖯字兩足如滿月　現前圓滿住實相
布字妙色金剛轉　虹光具身同準提
本尊真實吉祥現　法海功德證如尊

㈤三密相應

法界寂滅大悲生　無等光明身黃白
善結跏趺寶蓮座　淨白天衣角瓔珞

寶冠圓明住五智　三目智眼十八臂
雙上妙手善說法　右二能施大無畏
三劍四鬘五緣果　六持鉞斧七執鉤
八金剛杵九念珠　左二手執如意幢
三開紅蓮四寶瓶　五手羂索六持輪
七手海螺八賢瓶　九持梵夾具般若
慈眼下視善觀心　如實相應三摩地
行者對坐本尊前　如實咒鬘光相續
同體一如即本尊　大悲海中證同住

(十六)三力加持

法界體性圓滿力　諸佛究竟加持力

自身善修功德力　無上準提佛母力
安住準提大三昧　行住坐臥金剛體

六、迴向

密秘所持功德海　迴向法界眾成佛
準提佛母大悲力　善巧迴向自歡喜
願住法界真實相　如母成就住佛地
一切罪障體性無　如實現觀證全佛

本文載自《密法總持》全佛出版

地球禪者 洪啟嵩

國際知名禪學大師，1978 年開始教授禪定，1983 年閉關於南投別毛山，歷年於台灣政府機關學校、民間各大企業演講教學，2004 年起應邀至美國哈佛、麻省理工學院等知名學府，及中國社會科學院、北京大學等單位演講教學，後以禪法推展人類普覺運動之卓越成就，獲美國舊金山市政府、不丹政府頒發榮譽狀。著述有《禪觀秘要》、《密法總持》逾兩百部。

編者介紹

藍吉富

藍吉富教授，一九四三年生，台灣省南投縣人。畢業於東海大學歷史系、歷史研究所碩士班。曾赴日本東京立正大學短期研究。歷任東海、佛光等校教職。現任中華佛學研究所研究員。在佛教史方面，他率先在台灣開授「佛教史料學」、「佛教文化形態學」及「日本佛教專題研究」等課程。

三十年來，藍教授頗致力於佛教文獻的匯集與工具書的編纂，曾編《現代佛學大系》、《中華佛教百科全書》及《佛菩薩聖德彙編》等，所著專書有《中國佛教泛論》、《二十世紀的中日佛教》、《認識日本佛教》等書。

如是我聞

白話華嚴經 全套八冊

國際禪學大師 洪啟嵩語譯　定價NT$5440

八十華嚴史上首部完整現代語譯！

導讀 + 白話語譯 + 註譯 + 原經文

《華嚴經》為大乘佛教經典五大部之一，為毘盧遮那如來於菩提道場始成正覺時，所宣說之廣大圓滿、無盡無礙的內證法門，十方廣大無邊，三世流通不盡，現前了知華嚴正見，即墮入佛數，初發心即成正覺，恭敬奉持、讀誦、供養，功德廣大不可思議！本書是描寫富麗莊嚴的成佛境界，是諸佛最圓滿的展現，也是每一個生命的覺性奮鬥史。內含白話、注釋及原經文，兼具文言之韻味與通暢清晰之白話，引領您深入諸佛智慧大海！

準提法彙

編　者　藍吉富
封面設計　張育甄
出　版　全佛文化事業有限公司
永久信箱：台北郵政 26-341 號信箱
訂購專線：（02）2913-2199
傳真專線：（02）2913-3693
發行專線：（02）2219-0898
匯款帳號：3199717004240 合作金庫銀行大坪林分行
戶　名：全佛文化事業有限公司
E-mail:buddhall@ms7.hinet.net
http://www.buddhall.com
門　市　新北市新店區民權路 95 號 4 樓之 1
門市專線：（02）2219-8189
行銷代理　紅螞蟻圖書有限公司
台北市內湖區舊宗路二段 121 巷 19 號
電話：（02）2795-3656　傳真：（02）2795-4100
初　版　2013 年 11 月
初版二刷　2016 年 03 月
定　價　新台幣 200 元
ISBN 978-986-6936-73-9（精裝）

國家圖書館出版品預行編目資料

準提法彙 / 藍吉富編- - 初版.
-- 新北市：全佛文化，2013.12
面； 公分.
ISBN 978-986-6936-73-9(精裝)

1.密教部2.佛教修持
226.915 101024263

ISBN 978-986-6936-73-9
NT$200

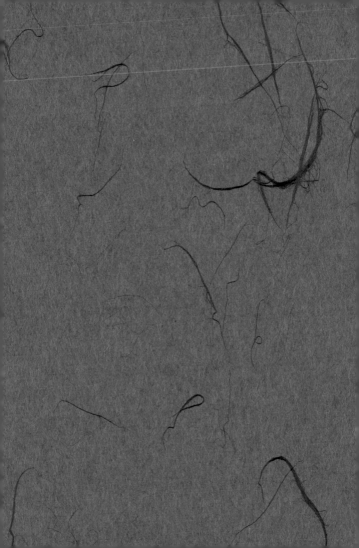